Tintenklecks

Das Deutschbuch 3

Erarbeitet von
Erika Altenburg, Andrea Gersch, Thomas Heinrichs,
Bärbel Klein, Elke Winterscheid, Christiane Ziemann

Illustriert von
Friederike Großekettler,
Wiltrud Wagner

Ausgabe S

Auer Verlag GmbH

Inhalt

1  Kinderwelten – Lebenswelten 4

2  Fußball, Pferde, Freizeit 22

3  Von Samtpfoten und Kratzfüßen 40

4 

Alles im Kasten 58

5  Es war einmal, es war keinmal 76

6  So bin ich – so bist du 96

7  Im Garten der Natur 114

8  Tolle Knolle & Co. 132

9  Technik mit Köpfchen 148

10  Das Jahr hat viele Gesichter 164

11  Rechtschreib-Training 182

Symbole

Abschreiben

Partnerdiktat

Abschreibheft

Schleichdiktat

Partnerarbeit

Gruppenarbeit

Zusatzaufgabe

Entdeckeraufgabe

Nachschlagen in der Wörterliste

Hinweise auf Seiten

Viele Texte erlauben Differenzierung: durch gelb unterlegte Textteile!

SO VIEL SCHAFE EINE HERDE

So viel Schafe eine Herde,
So viel Stern das Himmelszelt,
So viel Sprachen hat die Erde,
So viel Völker hat die Welt.

Die Flagge der Europäischen Union (EU) hat zwölf goldene Sterne im Kreis auf blauem Hintergrund. Obwohl mehr als zwölf Staaten zur EU gehören, bleibt es bei den zwölf Sternen. Die Zahl Zwölf ist das Symbol für Vollkommenheit. Es gibt zwölf Monate, zwölf Tagesstunden, zwölf Nachtstunden, zwölf Apostel … Der Kreis steht für die Zusammengehörigkeit und Gleichheit aller Staaten.

So viel Früchte Bäume tragen,
So viel Korn der Acker gibt,
So viel Mal kann man auch sagen,
Was man hasst und was man liebt.

So viel Mal sich Menschen stritten,
So viel Mal, wie Wetter droht,
So viel Mal kann man auch bitten:
Gib uns unser täglich Brot.

So viel Mal dich drückt Beschwerde,
Oder Glück dein Segel schwellt:
So viel Sprachen hat die Erde,
So viel Völker hat die Welt.

James Krüss

Vimala gehört zu uns

Die langen Sommerferien waren endlich zu Ende und Henri und ich freuten uns schon auf die Schule. Als wir ins Klassenzimmer kamen, saß eine neue Schülerin da. Zuerst waren wir ganz schön verblüfft. Die „Neue“ sah einfach anders aus, als wir es gewöhnt waren. Sie hatte sehr dunkle Haut. „Haallooo, wiiieee heißt duuu?“, fragte ich sie langsam und deutlich, damit sie mich verstehen konnte. „Mit mir kannst du normal sprechen, ich bin doch nicht blöd“, fauchte sie mich an. „War nicht so gemeint“, sagte Henri. „Ich bin Henri und das ist Ida. Wie heißt du denn?“ „Ich heiße Vimala.“ Und sie erzählte uns, dass sie in Deutschland geboren wurde, dass ihre Eltern aber aus Indien kommen. Nach und nach trudelten die anderen aus unserer Klasse ein. Auch sie bestaunten Vimala. „Sie spricht deutsch“, warnte ich die anderen. Ich wollte nicht, dass Vimala wieder wütend wurde.

In der Pause fragten wir Vimala, ob sie mit uns Verstecken spielen wollte. Klar wollte sie! Vimala sollte uns suchen. Ich versteckte mich hinter dem großen Baum und wartete, ob sie mich finden würde. Vimala zählte laut. Da kamen auf einmal drei ältere Kinder: Lea, Thomas und Mike. Die ärgerten in der Pause immer die Jüngeren, am liebsten aber die türkischen Kinder, die bei uns in der Schule sind. „Wie siehst du denn aus?“, riefen sie laut. „Bist du in einen Farbtopf gefallen?“ Und sie lachten laut. „Lasst mich in Ruhe“, schrie Vimala wütend, aber viele Kinder lachten. „Hör nicht auf sie“, sagte Henri und wir packten sie am Ärmel und zogen sie zurück ins Klassenzimmer.

Am Nachmittag spielten wir mit Vimala auf dem Waldspielplatz. Aber leider kamen Lea und ihre Freunde auch dorthin. Als sie Vimala sahen, riefen sie: „Heee, Ausländer haben hier nichts zu suchen!" Sie fanden das sehr lustig. Wir wollten gern ein bisschen schaukeln und hatten gar keine Lust wegzugehen. Da warfen sie Vimalas Jacke in die Luft. „Hol sie dir doch, du Neger!", schrien sie und lachten. Vimala war wütend. Aber bevor sie etwas sagen konnte, rannten Lea und ihre Freunde mit der Jacke davon. Da begann Vimala zu weinen. Sie tat mir sehr Leid und ich ärgerte mich, dass wir uns nicht getraut hatten, etwas zu sagen.

Am nächsten Tag kam Vimala nicht zur Schule, weil sie Bauchschmerzen hatte. Ich konnte mir schon denken, was für Bauchschmerzen das waren. Die habe ich auch manchmal, wenn ich aufgeregt bin oder mich über etwas ärgere. „Vimala hat bestimmt Angst, alleine hierher zu kommen", rief Henri in der Pause. Wir hatten die ganze Klasse zusammengerufen und überlegten, wie wir Vimala helfen könnten. „Das schaffen wir nur gemeinsam", meinte auch Carla, unsere Klassensprecherin. Die anderen stimmten ihr zu. Und dann schmiedeten wir einen tollen Plan …

Petra Mönter

1 Klärt unbekannte Wörter.

2 Findet zu jedem Abschnitt eine Überschrift.

3 Schreibe die Geschichte weiter.

4 Spielt, wie es weitergeht.

Mit welchem Plan die Kinder Vimala helfen, könnt ihr hier nachlesen.

Kleine Europäer

Musik und Text: Rolf Zuckowski

Millie in Paris

„Paris ist die Stadt der Kunst“, sagt Papa. „Wenn ich mir vorstelle, was wir alles nicht gesehen haben. Die schöne Mona Lisa und das Centre Pompidou.“ Millie würde gern die schöne Mona Lisa angucken. „Ach“, sagt Mama. „Die Mona Lisa ist doch auf jeder Postkarte zu sehen.“ So fahren sie dann doch zum Pompidou. „Da ist neue Kunst zu sehen“, sagt Mama. „Farbe und Formen und Bewegung. Das müssen wir uns anschauen.“ „Farbe ist keine Kunst“, sagt Millie. „Kunst ist Auf-den-Händen-Laufen, Auf-dem-Seil-Tanzen und Mit-den-Ohren-Wackeln.“ Was für ein Glück sie haben! Das Pompidou hat heute geschlossen. Weil Dienstag ist. Aber draußen, auf dem Platz vor dem Pompidou, machen sie Kunst, richtige Kunst. Und was es da alles gibt! Ein Mann schluckt ein Schwert und spuckt Feuer und die Flamme, die aus seinem Mund kommt, reicht bis an den Himmel. Millie kann nur staunen. Zwei Mädchen tanzen auf dem Seil und sie tragen schöne Flitterflatterkleider. Hat Millie doch gesagt, dass das Kunst ist. Ein Clown ist auch dabei. Er hat sein Gesicht ganz weiß bemalt und lässt dauernd Tennisbälle verschwinden und holt sie hinter den Ohren der Leute wieder hervor. Papa hat zwei Tennisbälle hinter dem Ohr gehabt. Drüben am Brunnen steht ein Leierkastenmann. Der alte Mann dreht an seiner Orgel, auf der ein kleines Äffchen sitzt. Der Mann singt zu den Tönen der Drehorgel. Blablablabla. Na, ist das denn auch Kunst? „Sing doch mit, Millie“, sagt Mama. Aber das ist doch Französisch! „Du kannst doch ein paar französische Lieder“, sagt Mama. „Sing mit! Sur le pont d'Avignon …“ Ach, das! „Söölepong dawinjong“, singt Millie. Sie kann Französisch! Hat sie gar nicht gewusst. Und sie kann sogar noch ein anderes Lied. „Friere Jacke, friere Jacke“, brüllt Millie. Sie steht zwischen all diesen Leuten, die Kunst machen. Und sie macht mit. Kunst macht Spaß.

Dagmar Chidolue

1 Was ist für Millie Kunst?

2 Was ist für euch Kunst?

3 Was ist in Paris noch sehenswert? Bringt Bilder mit.

Schule in anderen Ländern

Niger

Mongolei

Indien

Togo

1 Betrachtet die Fotos.
Sprecht darüber.

2 Wähle ein Foto aus.
Schreibe dazu.

Mali

Sudhir, der Trommelschüler

Mein Name ist Sudhir. Ich bin neun Jahre alt und lebe mit meinen Eltern in der Hafenstadt Bombay. Bombay ist die zweitgrößte Stadt Indiens, sie zählt mehr als zehn Millionen Einwohner.

Das Haus, in dem wir wohnen, hat mehrere Stockwerke und einen großen Innenhof. Die meisten Familien hier leben in einem einzigen Zimmer und überall, wo Platz ist, flattert Wäsche in allen Farben. Die Kinder spielen im Hof und auf den Treppen. Unser Nachbar hat zum Beispiel zehn Kinder, sieben Jungen und drei Mädchen. Über uns wohnt eine Familie mit acht Kindern. Die meisten Eltern glauben, dass sie so viele Kinder brauchen, damit jemand da ist, der für sie sorgt, wenn sie alt sind und nicht mehr arbeiten können. Wir haben sogar zwei Zimmer. In dem einen wohnen wir, im anderen ist unsere Reparaturwerkstatt.

Mein Vater repariert so ziemlich alles, was Räder hat, und ich helfe ihm dabei. Das ist nichts Besonderes, denn in Indien arbeiten viele Kinder. Sie knüpfen Teppiche, drehen Bidi-Zigaretten, verkaufen Gebäck, sie färben Stoffe, sitzen an der Nähmaschine, waschen Geschirr und vieles andere. Arbeit haben wir genug, denn die Straßen Bombays sind voll gestopft mit Fahrrädern und knatternden Mofas, mit Bussen, Lastwagen, Autos und natürlich mit Rikschas. Die Rikschafahrer strampeln den ganzen Tag mit ihren dreirädrigen Fahrradtaxis durch die Stadt, aber sie verdienen nicht viel, und es ist ein großes Unglück, wenn die Rikscha kaputtgeht.

Mein Vater hat ein großes Herz und manchmal repariert er auch umsonst. Vor einem Jahr hat er einem alten Mann geholfen, der kein Geld hatte, und zum Dank hat der Alte ihm seinen wertvollsten Besitz geschenkt: eine wunderschöne Trommel.

Als ich die Trommel gesehen habe, hat mein Herz angefangen zu klopfen: bumm, bumm, bumm. Ich hab gleich versucht auf der Trommel zu spielen, aber es hörte sich gar nicht so an, wie ich es mir vorgestellt hatte. Großvater kam ganz entsetzt zu mir und fragte: „Sudhir, was machst du für einen grässlichen Lärm?“ „Ich mache Musik, Großvater!“, erklärte ich ihm. „Und wenn ich groß bin, will ich Trommler werden.“ „Soso“, schmunzelte Großvater, „Trommler willst du werden.“ „Ja, Großvater. Ich will so schön trommeln wie du. Am liebsten würde ich nur Musik machen und gar nichts anderes. Und vielleicht, ganz vielleicht – wird dieser Traum einmal Wirklichkeit. Ich glaube jedenfalls fest daran.“ „Na, wenn das so ist“, grinste Großvater, „dann helfe ich dir natürlich.“ Von da an hat Großvater mir jeden Abend Unterricht gegeben.

Nach einiger Zeit konnte der Großvater Sudhir nichts mehr beibringen und brachte ihn zu seinem alten Lehrer. Doch der Lehrer schüttelte traurig den Kopf.

„Du kannst zwar noch nicht viel, aber du bist begabt, mein Junge. Wenn du fleißig üben würdest, könnte vielleicht ein Meister aus dir werden. Aber so Leid es mir tut – ich kann dich nicht umsonst unterrichten. Du musst dein Glück woanders versuchen …“

Der alte Mann stand auf und begleitete uns hinaus. Er stieg auf sein klappriges Mofa und wollte einfach davonknattern. Großvater und ich standen ganz enttäuscht im Weg herum, da machte es auf einmal „pffft, krrch“ und das Mofa blieb stehen. So ein Glück! Zornig stieg der Meister ab und versetzte dem Mofa wütend einen Tritt. Ich wusste sofort, dass das meine große Chance war. „So ein Unglück, so ein Unglück!“, jammerte der Meister. „Was soll ich jetzt nur machen?“ „Keine Sorge, Meister“, beruhigte ich ihn. „Ich bring das Mofa schon wieder in Ordnung.“ „Du?“, staunte der Meister. „Ja, kannst du das denn?“ „Na klar“, strahlte ich. „Wird gleich erledigt.“ Ich untersuchte das klapprige Mofa und stellte sofort fest, warum es stehen geblieben war: Es war ganz einfach kein Benzin mehr im Tank. Das hab ich dem Meister natürlich nicht verraten. Ich hab das Mofa zu uns in die Werkstatt geschoben, den Tank voll gemacht und dann bin ich knatternd zurück in den Hof gefahren. Tja, ob ihr's glaubt oder nicht: Damit hab ich mir die erste Trommelstunde bei meinem Meister verdient. Inzwischen spiele ich schon ganz gut. Wenn ich in der Werkstatt mit der Arbeit fertig bin, ist es meistens schon spät, und ich beeile mich zu meinem Meister zu kommen. Mein Meister ist sehr streng, aber das macht mir nichts aus, denn er ist ein guter Lehrer. Ich übe und übe und übe – nicht nur bei meinem Meister, sondern auch zu Hause und überall, wo ich sonst bin. Es ist fast so, als würde ich neue Freunde kennen lernen. Nachts vorm Einschlafen träume ich immer noch davon, ein berühmter Trommelmeister zu werden.

Hartmut E. Höfele/Susanne Steffen

1 Wie lebt Sudhir? Belege mit Textstellen.

2 Was ist in Sudhirs Leben anders als bei dir?

3 Hast du auch einen Lebenstraum?

Kinderarbeit – an vielen Orten dieser Welt

„Ich heiße Zahin und lebe in Indien. Aufgewachsen bin ich in einem kleinen Dorf, bei meinen Eltern mit acht Geschwistern. Wir alle arbeiteten auf den großen Baumwollplantagen und sorgten dafür, dass unsere Familie etwas zu essen hatte. Aber trotzdem reichte das wenige Geld nicht. Vor einem Jahr kam ein Fremder aus der Stadt zu uns und bot meinem Vater an, dass ich zum Teppichknüpfer ausgebildet werde. Ich könnte viel Geld verdienen, würde gut versorgt und könnte ab und zu ins Kino gehen. Eine tolle Vorstellung! Mein Vater erhielt sogar noch eine kleine Summe Geld für mich. Als ich in die Stadt kam, sah alles ganz anders aus. Zwölf Stunden am Tag, von Montag bis Sonntag, sitze ich mit vielen anderen Kindern in einer dunklen Halle vor dem großen Knüpfrahmen und knüpfe mit meinen kleinen Händen Teppiche. Mein Rücken schmerzt, ich muss häufig husten und habe einen Hautausschlag, da viele Flusen in der staubigen Luft herumfliegen. Morgens und abends bekomme ich etwas Fladenbrot und eine wässerige Linsensuppe zu essen. Ich schlafe auf einer dünnen Reisstrohmatte. Einen freien Tag habe ich nie, Geld habe ich auch nie bekommen. Nach Hause kann ich nicht, ich habe kein Geld und weiß nicht, wie ich hier wegkommen kann. So knüpfe und knüpfe ich Teppiche – auch in diesem Augenblick –, die nach Europa, nach Deutschland verkauft werden. Vielleicht liegt solch ein Teppich auch in eurem Wohnzimmer.“

1 Stellt euch gegenseitig Fragen zum Text. S. 15

2 Überlegt, warum Kinderarbeit in vielen Ländern verboten ist.

Wir stellen uns gegenseitig Fragen zu einem Text

1. Jedes Kind liest den gleichen Text still für sich.

2. Jedes Kind überlegt sich Fragen zu diesem Text.

3. Ein Kind stellt eine Frage.
Ein anderes Kind gibt die Antwort.

4. Ihr könnt abwechselnd fragen und antworten.

Stellt zuerst einfache Fragen,
dann schwierigere.

Beispiele
Einfache Frage:
Wie viele Geschwister hat Zahin?
Antwort: *Acht, weil in Zeile 3 steht: „… mit acht Geschwistern."*

Schwierige Frage:
Wie steht es um die Gesundheit von Zahin?
Antwort: *Er ist nicht gesund. Er hat verschiedene Beschwerden, z. B. …*
Das habe ich in Zeile 22 gefunden.

Überprüft, ob die Antwort richtig ist.
Nennt die Zeile, in der ihr die Antwort gefunden habt.

Ihr könnt die Fragen auch aufschreiben,
die Blätter austauschen
und die Fragen schriftlich beantworten.

> Sucht euch selbst einen Text und stellt euch gegenseitig Fragen.

Wieder zu Hause

In den ersten Schultagen möchten alle gern von ihren Ferien erzählen. Viele Kinder waren unterwegs, manche auch in anderen Ländern.

1 Tauscht eure Erfahrungen mit anderen Sprachen aus.

2 Warum ist es gut, ein paar Wörter aus der Sprache des Urlaubslandes zu kennen? Welche Wörter kennt ihr?

Erzählkarussell: Wir sprechen alle miteinander:

Viele verschiedene Kinder können miteinander sprechen,
wenn wir im Erzählkarussell sitzen.

1. Die Hälfte der Kinder sitzt in einem Kreis,
den Rücken nach innen.

Die andere Hälfte der Kinder sitzt in einem Kreis,
den Rücken nach außen.

So sitzen sich immer zwei Kinder gegenüber und können miteinander sprechen.
Lasst ein bisschen Platz zwischen euch.

2. Die Kinder, die sich gegenübersitzen,
sprechen über ein Thema.

3. Nach wenigen Minuten –
wir hören ein Zeichen –
rückt im Außenkreis
jedes Kind einen Platz weiter.

Jetzt sitzen sich
zwei andere Kinder gegenüber.
Beide sprechen
über dasselbe Thema.

4. Nach einem Zeichen wird wieder
einen Platz weitergerückt.
Auch diese beiden Kinder sprechen
über dasselbe Thema.

5. Wenn jedes Kind mit mehreren Kindern gesprochen hat,
wird das Erzählkarussell durch ein Zeichen beendet.

Jetzt könnte jedes Kind kurz aufschreiben,
was es von den anderen Kindern erfahren hat.

Artikel

Ferien in anderen Ländern

Mary, Simon und Mehmet waren zusammen auf einer Ferienfreizeit in Frankreich. So sahen die Postkarten aus, die sie nach Hause geschickt haben:

1 Vergleiche die Karten in den verschiedenen Sprachen.

2 Was erfährst du über die Verwendung des Artikels in den drei Sprachen?

3 Schreibe auf, was du in deinen Ferien gesehen hast.
Benutze die passenden Artikel.
ein Fischerboot, die Rialto-Brücke, …

4 Erkundige dich, welche Artikel in der französischen Sprache gebraucht werden.

Wörter trennen

Frère Jacques

Großbritannien
Are you sleeping, are you sleeping,
brother John, brother John?
Morning bells are ringing, Morning bells are ringing.
Ding, dang, dong! Ding, dang, dong!

Deutschland
Bruder Jacob, Bruder Jacob,
schläfst du noch? Schläfst du noch?
Hörst du nicht die Glocken, hörst du nicht die Glocken:
Ding, dang, dong! Ding, dang, dong!

1 Wie werden die französischen Wörter getrennt?
Warum werden manche Wörter nicht getrennt?

2 Schreibe die deutsche Strophe auch so auf,
dass die Silben zu den Noten passen: *Bru-der* …

3 Suche Wörter mit **ck** und trenne sie.

4 Suche ein Lied, dessen Text ähnlich aufgeschrieben ist.

S. 203

Wörter mit h

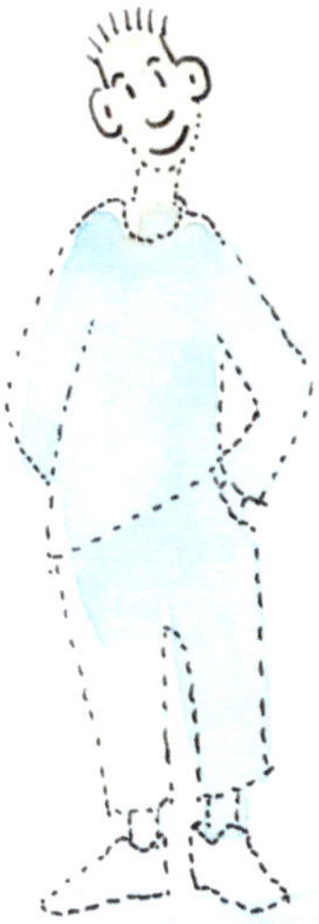

Sehen

Ich sehe die Dinge, wie sie sind.
Ich kann ihn nicht mehr sehen.
Du wirst schon sehen, wohin das führt.
Lass dich ja nicht mehr sehen.
Endlich sehe ich klar.
Ich sehe schwarz.

Rosemarie Künzler-Behncke

1 Findet heraus, was die Redewendungen bedeuten.

2 Das Wort sehen trennt man so: se-hen
Trenne die Wörter aus dem Kasten. Was stellst du fest?

wiehern, sehen, ziehen, mähen,
sprühen, wehen, muhen, Kühe,
blühen, Ruhe, früher, Nähe

3 Suche Reimwörter.
Schreibe die Wörter mit Trennstrichen auf.

sehen – g___	stehen – dr___
sprühen – gl___	Ruhe – Sch___
krähen – n___	Nähe – Kr___

4 Markiere, was gleich bleibt.

se-hen
Verse-hen
nachse-hen
Fernse-her
einse-hen

Lernwörter-Training

1  2  3 

4 Ordne die Lernwörter nach dem Abc.

5 Schreibe jeweils einen Satz mit diesen Wörtern:

Schuhe

Ruhe

wehen

Nähe

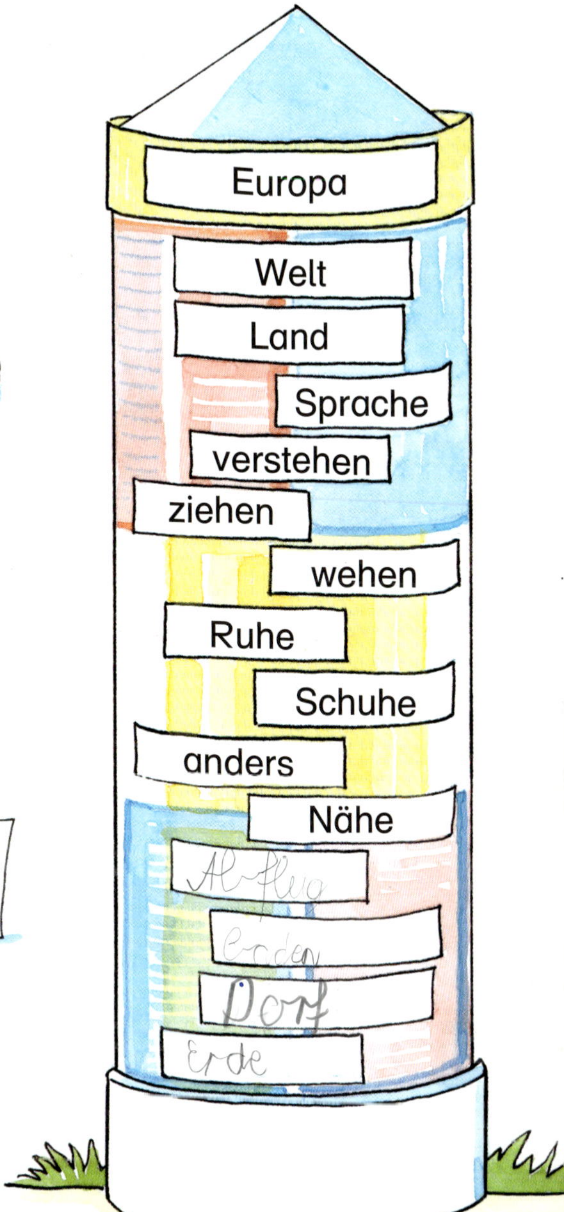

6 Bilde verschiedene Wörter.

um	an	stehen
auf	ver	gehen
		ziehen

7 Bilde Sätze mit den Verben.

8 Setze die fehlenden Satzzeichen.

Wir leben in Europa
Dort gibt es viele Länder, in denen
die Menschen ihre eigene Sprache
sprechen Leben die Menschen
auf anderen Erdteilen auch anders
Wir ziehen in Gedanken durch
die Länder dieser Welt,
lernen uns kennen und verstehen

Fußball, Pferde, Freizeit

Im Schwimmbad

An heißen Tagen gehe ich oft schwimmen. Am liebsten tauche ich. Aber manchmal springe ich vom Dreimeter-brett.
Janina

Elena lernt reiten

Heute geht Elena zum ersten Mal auf einen Reiterhof. Sie ist sehr aufgeregt. Auf einmal kommt eine Frau aus der Stalltür.
„Hallo!", sagt die Frau und geht auf Elena zu. „Ich bin Frau Winkler, deine Reitlehrerin." Sie führt Elena in die große Reitbahn. Elena sieht in der Mitte der Halle ein Pferd. Es ist braun und hat schwarze Augen. Elena will gerade aufsteigen, als eine bekannte Stimme ruft: „Elena, Schatz, aufstehen! Die Schule beginnt gleich!" Mit einem Ruck ist Elena wach und beeilt sich in die Schule zu kommen.
Sophie

Torschuss-Training

- Zeichne dir mit Kreide ein Tor auf eine Mauer.
- Teile das Tor in verschiedene Quadrate ein.
- Nummeriere die Quadrate.

4	5	6
1	2	3

- Versuche nun, nacheinander alle Zonen zu treffen.
- Verändere dann Winkel und Abstand.

Wusstest du eigentlich, dass

- ein Fußballfeld etwa 70 × 105 Meter groß ist?
- vor etwa 5000 Jahren Menschen zum ersten Mal ein Wildpferd vor einen Wagen spannten?
- Bayern München am häufigsten Deutscher Meister wurde?
- die meisten Pferde heute in China leben?

Fußballtraining

Oliver, Niko und ich gehen zum Fußballtraining. Zuerst dribbeln wir mit dem Ball um Hütchen, die der Trainer aufgestellt hat. Dann schießen wir nacheinander auf das Tor, damit auch Kevin, unser Torwart, etwas zu tun bekommt. Am Schluss des Trainings dürfen wir endlich richtig Fußball spielen. Fabian

Die Pferde haben sich aus einem Tier entwickelt, das kaum größer war als ein Fuchs.
Dieses Urpferd lebte vor rund 50 Millionen Jahren in sumpfigen Wäldern.
Es besaß noch keine Hufe wie die Pferde heute, sondern Zehen.
Im Laufe der Erdgeschichte änderte sich das Klima. Die Tiere mussten sich anpassen oder sie starben aus.
So wurde aus dem kleinen Urpferdchen ein Steppentier.
Die Pferdefamilie umfasst heute nur noch drei Hauptarten: die Pferde, die Zebras und die Esel.

Vor der Kiste

Heute spielt Deutschland gegen Italien.
Und wie immer, wenn ein Fußballspiel im Fernsehen übertragen wird, sitzt Kevins Papa vor der Kiste.
Manchmal sitzt auch Kevin neben ihm und schaut eine Weile zu.
Aber wenn Kevin im Fernsehen Fußball sieht, bekommt er immer große Lust selbst zu spielen.
„Papa, spielst du mit mir im Garten Fußball?“, fragt er.
Papa hört nichts, weil die deutsche Mannschaft gerade einen Angriff startet.
„Spiel ab!“, ruft Papa. „Nun spiel doch endlich ab!“
Doch Sebastian Deisler hört nicht auf Papa.
Er dribbelt weiter – und verliert den Ball.
„Ja ist es denn zu fassen?“, poltert Papa. „Verliert diese Flasche den Ball, wo zwei Mann sich herrlich freigelaufen haben. Hast du das gesehen?“
Kevin schüttelt den Kopf und wiederholt seine Frage.
„Ja, ja“, antwortet Papa, obwohl er gar nicht zugehört hat.
Kevin wartet darauf, dass Papa aufsteht.
Aber der muss jetzt mithelfen einen italienischen Angriff zu stoppen.
„Geh ran! Ja, gut so. Außen decken! Nicht flanken lassen!“
Trotz Papas Anweisungen trickst der italienische Linksaußen den deutschen Abwehrspieler aus und zieht eine schöne Flanke vor das deutsche Tor.
Papa reckt den Hals, als wolle er den Ball wegköpfen.
Zum Glück springt Sebastian Deisler höher und verhindert so ein Tor.

Kevin zieht seinen Papa am Hemd.
„Du sollst mit mir Fußball spielen.“
„Jetzt doch nicht, wo es gerade so spannend ist“, sagt Papa.
Er lässt den Bildschirm nicht aus den Augen und gibt schon wieder seine Anweisungen.
„Angreifen! Los, schneller! Ja, richtig. Links steht einer frei. Abspielen!
Na also, es geht doch.“ Papa ist zufrieden.
Erst als Ballack den Ball erhält, meckert Papa.
„Der spielt natürlich wieder nicht ab. Abspielen!“
Ballack denkt nicht daran. Er umdribbelt zwei, drei Italiener.
„Du sollst abspielen!“, ruft Papa.
Plötzlich schlägt Ballack einen Haken wie ein Hase und schießt.
Der italienische Torwart fliegt in die Ecke, kann den Ball jedoch nicht halten.

Papa springt aus dem Sessel hoch. „Tor! Tor! Tor!“, jubelt er und umarmt seinen Sohn. „Hast du das gesehen, wie der Ballack dribbeln kann? Wie ein Brasilianer!“
Bevor Kevin etwas sagen kann, guckt Papa schon wieder zum Bildschirm.
Kevin spielt mit seinem Ball.
Er lässt ihn ein paar Mal auf der Fußspitze tanzen, von dort aufs Knie und wieder auf die Fußspitze.
„Papa, guck mal!“
Papa dreht kurz den Kopf. „Mach keinen Unsinn.“
Kevin wartet bis zum Schlusspfiff.
Dann fragt er: „Spielst du jetzt endlich mit mir?“

Manfred Mai

In diesem Buch findest du noch andere Geschichten rund ums Thema Fußball.

1 Wie geht die Geschichte weiter?

2 Schreibe die Wörter auf, die du nicht kennst.
Sprecht über die unbekannten Wörter.

3 Was ist **dribbeln**? Wer hat Recht?
Cedric sagt: „Dribbeln ist, wenn man den Ball verliert.“
Sarah sagt: „Dribbeln ist, wenn man mit dem Ball am Fuß läuft.“

4 Sprecht über Kevin und seinen Vater.
Wie möchte Kevin seine Freizeit verbringen?
Wie möchte Kevins Vater seine Freizeit verbringen?

5 Wie verbringt ihr am liebsten eure Freizeit?
Sprecht darüber.

Borussia Dortmund trifft in letzter Sekunde

Schalkes Neuer spielt sich gleich in die Herzen der Zuschauer. Aber dann war er leider am Dortmunder Ausgleich beteiligt.

VON THOMAS HEINRICHS

Gelsenkirchen

Was für ein aufregendes Derby!

Schalke stürmt und stürmt und führt verdient 2 : 0 – und bekommt am Schluss doch noch zwei Tore rein. Dortmund wird dafür belohnt, bis zur letzten Minute gekämpft zu haben.

Schalke startet richtig klasse. Immer wieder kurbelt der Türke Hamit Altintop die Schalker Angriffe an. Im ausverkauften Stadion „Auf Schalke" kommt es zu einer Super-Stimmung. Der Schalker Stürmer Agali schießt aus der Drehung an die Latte. Der Dortmunder Dede foult den Schalker Asamoah im Strafraum. Trotzdem gibt der Schiedsrichter keinen Elfmeter. Als in der 39. Minute der Ball vor die Füße von Altintop rollt, überlegt dieser nicht lange und schießt die Kugel aus 22 Metern ins Tor der Dortmunder.

Auch nach der Pause stürmen die Schalker weiter. Immer wieder laufen die Angriffe über Altintop. In der 58. Minute läuft er mit dem Ball am Fuß von der Mittellinie aus los und wird von keinem Dortmunder Spieler richtig angegriffen. Also haut der junge Türke wieder aufs Tor. Diesmal trifft er unten links ins Tor! Tipptopp, dieser Altintop!

Doch Dortmund gibt nicht auf. Der gerade eingewechselte neue Brasilianer Conceicao schießt einen Freistoß unhaltbar für den Schalker Torwart ins Tor. Jetzt steht es nur noch 2 : 1. Die Dortmunder versuchen nun alles, um doch noch den Ausgleich zu erreichen. 5 Minuten vor Schluss verpasst der Dortmunder Koller eine große Chance mit dem Kopf. In der letzten Spielminute schießt der Dortmunder Dede aus 20 Metern auf das Schalker Tor. Ausgerechnet der zweifache Torschütze Altintop fälscht den Ball vor die Füße des Dortmunder Stars Amoroso ab. Der schiebt das hochverdiente 2 : 2 eiskalt ins Tor. Jetzt jubeln natürlich die Dortmunder.

Sofort nach dem Tor tritt der Schalker Asamoah den liegenden Amoroso und erhält zu Recht die rote Karte.

Ein Revier-Derby voller Aufregung!

– 2 : 2

1 Lies den Text.
Ordne die Überschriften den Abschnitten zu.

- **Schlechte Verlierer**
- **Altintop „tanzt" Dortmund aus**
- **Amoroso verdirbt den Schalkern die Freude**

2 Vergleicht eure Ergebnisse.
Begründet eure Entscheidungen.

Fußball-Trainings-Tipps

Der magische Tunnel

Wer ein richtiger Fußballprofi werden will, muss sehr geschickt mit dem Ball umgehen können. Es ist nämlich gar nicht so einfach, ihn schnurgerade zu schießen!
Und das könnt ihr folgendermaßen üben:
Alle Spieler einer Mannschaft – sechs sollten es schon sein – stehen dicht hintereinander mit gegrätschten Beinen. Der erste Spieler schießt den Ball durch den „Bein-Tunnel" nach hinten. Der Spieler am Schluss nimmt den Ball an und dribbelt an den anderen vorbei nach vorne.
Von dort aus schießt er wieder nach hinten durch den Tunnel usw.

KNISTER

Torschützenkönig

Die Spieler – ihr braucht wieder mindestens sechs – fassen sich an der Hand und bilden einen engen Kreis. In die Mitte kommt der Fußball. Nun versucht jeder den Ball durch die Beine aus dem Kreis zu schießen. Ihr dürft euch dabei unter keinen Umständen loslassen. Wer es doch tut, bekommt zunächst die gelbe Karte, beim zweiten Regelverstoß die rote. Wer die meisten Tore erzielt, ist Torschützenkönig oder -königin. Was meint ihr, was das für ein verrücktes Gerangel und Gedribbel gibt!

KNISTER

Hier erfährst du, wie Lilli sich in den besten Fußballspieler der Schule verliebt und wofür sie mit einem spektakulären Zaubertrick sorgt.

1. Probiert die Trainings-Tipps aus.
2. Kennt ihr noch andere Trainings-Tipps? Stellt sie euch gegenseitig vor.
3. Schreibt eure Trainings-Tipps auf. Ihr könnt sie zu einem Buch zusammenstellen.

Wir sind Fußballerinnen

Die deutschen Fußballerinnen und ihre Fans können es kaum erwarten: Am 20. September startet die 4. Frauenfußball-WM in den USA. Und dann wollen die vierfachen Europameisterinnen endlich ihren ersten WM-Titel feiern. Gut vorbereitet und sehr selbstbewusst geht die deutsche Auswahl mit DFB-Trainerin Tina Theune-Meyer und Co-Trainerin Silvia Neid ins Turnier. Bis ins Finale wollen sie auf jeden Fall, am liebsten aber gleich den „Pott“. Durchaus denkbar, denn die DFB-Kickerinnen meisterten schon die WM-Qualifikation mit Bravour. Sie sicherten sich souverän den Gruppensieg, indem sie alle sechs Spiele gegen England, Portugal und die Niederlande gewannen. Nach dem erneuten EM-Sieg 2001 im eigenen Land vor 18 000 Zuschauer/-innen im ausverkauften Ulmer Donaustadion gehört Deutschland heute wieder klar zum Favoritinnenkreis neben den gastgebenden USA, China, Norwegen und Brasilien. Die Deutschen freuen sich auf den Austragungsort USA, mit vollen Stadien und begeisterten Fans.

Die 4. Frauenfußball-Weltmeisterschaft in den USA ist inzwischen vorbei.
Wer hat diese Weltmeisterschaft wohl gewonnen?
Es waren tatsächlich die deutschen Fußballerinnen.

1 Lies den Text sorgfältig.

2 Stellt euch gegenseitig Fragen zum Text.

3 Dieser Artikel stand in einer Zeitschrift. Er war dort in Abschnitte eingeteilt. Findet die Abschnitte und begründet eure Entscheidung.

4 Sucht Überschriften für jeden Abschnitt.

Wir gliedern einen Text durch Satzzeichen und Abschnitte

1. Schreibe eine Mini-Geschichte aus drei Sätzen.
Setze keine Satzschlusszeichen.

Beispiel
Ein Mädchen kickt mit einem Fußball es will ein bisschen trainieren am nächsten Sonntag ist nämlich ein Meisterschaftsspiel

2. Tauscht die Texte aus.
Setzt die nötigen Zeichen.

3. Schreibe einen Text zu einem selbst gewählten Thema.
Setze die passenden Satzschlusszeichen,
aber mache keine Absätze.

4. Tauscht die Texte aus und setzt Abschnitte.
Begründet eure Entscheidungen.

5. Überlegt gemeinsam,
warum ein Text,
der in Abschnitte gegliedert ist,
besser lesbar ist.

6. Seht euch Kinderbücher an
und findet heraus,
warum jeweils ein Abschnitt gesetzt wurde.

Basta und Paulines Bombe

Pauline durfte auf dem Reiterhof helfen. Sie hatte sich das toll vorgestellt. Bestimmt bin ich den ganzen Tag bei den Pferden, dachte sie, ich darf sie füttern und striegeln. Aber so war es leider nicht.

Die Pferde grasten auf der Weide, während Pauline ihre Ställe ausmistete. Puh, das stank! Mit der Mistgabel baggerte Pauline das dreckige Stroh nach draußen. Am liebsten hätte sie sich die Nase zugehalten. Aber mit einer Hand konnte sie die Mistgabel nicht halten. „Mutti soll noch einmal sagen: ‚Dein Kinderzimmer sieht aus wie ein Pferdestall!‘ Der werd ich etwas erzählen. Die hat ja keine Ahnung!“, maulte Pauline vor sich hin.

Da erschien Herr Jokel im Stall. Herrn Jokel gehörten die Pferde, der Stall und die Weide. Er trug immer hohe Reiterstiefel und ein schwarzes Käppi. Ruhig sah er sich im Stall um. Dann lächelte er. „Du hast aber fein sauber gemacht. Sieht es in deinem Zimmer zu Hause auch so schön aus?“ Herr Jokel konnte ja nicht ahnen, wie sehr er damit bei Pauline ins Fettnäpfchen trat. Vor lauter Aufregung atmete Pauline mehr Luft ein, als sie brauchte. Das passierte ihr oft. Dann verschluckte sie sich manchmal und stotterte. Pauline schämte sich deswegen jedes Mal und wurde knallrot. Wenn sie so eine „Bombe“ hatte, wäre sie am liebsten im Erdboden versunken.

Aus Angst, jetzt wieder zu stottern, sagte Pauline nichts. Einen roten Kopf bekam sie trotzdem.

Herr Jokel schien es nicht zu bemerken. Er streckte Pauline seine Hand freundschaftlich entgegen und fragte: „Hast du schon mal ein richtiges Pferd geritten?“ Pauline starrte vor sich auf den Boden und schüttelte stumm den Kopf. So ein Mist, dachte sie, meine Birne brennt wieder wie eine Glühlampe.

„Komm!“, sagte Herr Jokel. „Basta will dich kennen lernen. Basta ist ein Hengst. Er wird dir gefallen. Er mag Mädchen wie dich.“ Irgendwie schaffte Pauline es, Herrn Jokels Hand doch zu nehmen. Sie sah ihn nicht an. Aber sie ging neben ihm her zur Weide. „Sieh nur! Da hinten läuft Basta. Er jagt Schmetterlinge.

Er frisst sie nicht. Er riecht nur dran. Aber die Schmetterlinge wissen das nicht. Deshalb haben sie Angst vor ihm und fliehen. Ruf ihn. Dann kommt er.“ Glaub ich nicht, dachte Pauline. So ein tolles Pferd kommt bestimmt nicht, wenn ich es rufe. Ich mit meiner Bombe.

Herr Jokel drückte Paulines Hand. „Ruf ihn!“ Pauline schloss die Augen, atmete einmal tief durch und hörte sich dann rufen: „Basta! Basta!“ „Lauter! Du musst lauter rufen. Sonst nimmt Basta es nicht ernst.“ Der kommt sowieso nicht, dachte Pauline. Am liebsten wäre sie weggelaufen. Aber Herr Jokel hielt sie fest an der Hand. Ohne sich dabei zu verhaspeln, donnerte Paulines Stimme: „Basta! Komm sofort her!“ Pauline traute ihren Augen nicht. Dieses große, schöne Tier wieherte fröhlich und galoppierte folgsam heran. Basta blieb vor Pauline stehen und wartete auf ein Lob. Pauline streckte eine Hand aus und streichelte Bastas Kopf.

Stolz sah Pauline Herrn Jokel an. Ihr Kopf glühte nicht mehr. Von der Weide her wehte ein kühler Wind. Plötzlich spürte Pauline: Basta gehorchte ihr. Es war ihm egal, ob sie einen roten Kopf hatte oder nicht. „K … k … k … können Sie mir beibringen, auf ihm zu reiten?“, fragte Pauline. Herr Jokel nickte: „Aber klar. Wir fangen am besten sofort damit an.“

Das alles ist jetzt schon fast ein Jahr her. Pauline ist eine begeisterte, mutige Reiterin geworden. Wenn sie mit Basta spricht, stottert sie nie.

Klaus-Peter Wolf

1 Was bedeutet das Wort **Bombe** in diesem Text?

2 Warum bekommt Pauline später keinen roten Kopf mehr?

3 Gibt es Situationen in deiner Freizeit, in denen du aufgeregt bist? Sprecht darüber.

In diesem Buch findest du noch andere Geschichten rund ums Thema Reiten.

Tierfreundschaften

Von Edel Marzinek-Späth

Pferde sind Herdentiere, sie mögen Gesellschaft. Doch auch bei Vierbeinern gilt: Den einen mag man lieber, den anderen weniger …

„Komm, Landor!" Energisch führt der 13-jährige Mark seinen Haflinger in den Hänger. „Heute geht's ohne Samira zur Klinik. Bleib ganz ruhig, du schaffst das!" Marks Vater verriegelt die Rampe, startet den Rover. Kaum hat das Gespann die Landstraße erreicht, trappelt der Wallach nervös, schlägt gegen die Wand, wiehert verzweifelt. „Papa, sollen wir nicht doch lieber …", setzt Mark an. Sein Vater unterbricht ihn. „Landor muss endlich lernen, allein transportiert zu werden." Der Junge leidet still mit seinem Pferd. Als sie bei der Tierklinik eintreffen, zittert Landor am ganzen Körper, ist schweißgebadet und will einfach nicht aussteigen. „Meine Güte", stöhnt Marks Vater, „führ dich nicht so auf!" Aber dann kehrt er doch um und fährt zurück zum Hof.

Auf der Hauskoppel trabt Samira, die Oldenburger Stute von Marks Schwester, unruhig am Zaun hin und her. Landor wiehert aufgeregt. Samira antwortet, drängt zum Ausgang. Als Mark sie holt und zum Hänger bringt, kann er sie kaum halten. Freudig begrüßen sich die beiden Pferde, beschnobern sich zärtlich – und bleiben während der Fahrt völlig ruhig.

In der Klinik stellt sich Landor gelassen unter die Höhensonne, die er regelmäßig wegen seiner Hautallergie bekommt. Samira wartet draußen geduldig. „Die dicksten Freunde, die ich kenne", lacht der Tierarzt. „Sie hängen wie Kletten zusammen", brummelt Marks Vater. „Sogar wenn der Hufschmied kommt, muss man sie nebeneinander stellen." Und Mark erzählt, dass er meist nur zusammen mit seiner Schwester ausreiten kann …

1 Welche Überschrift passt zu diesem Text?

2 Lies die einzelnen Abschnitte.
Finde zu jedem Abschnitt eine Überschrift.

3 Vergleicht eure Ergebnisse.
Habt ihr unterschiedliche Überschriften ergänzt?
Begründet eure Entscheidungen.

Erst wenn du auf dem Pferderücken gut die Balance halten kannst, kannst du deinem Pferd auch richtig „mitteilen“, in welcher Gangart, Haltung und in welchem Tempo es sich bewegen soll. Diese Signale nennt man Hilfen. Du gibst sie mit deinem Gewicht, den Schenkeln und durch das Annehmen und Nachgeben der Zügel. Wenn deine Hilfengebung gut klappt, kannst du in einer Abteilung reiten.
Das ist eine Gruppe von Reitern.

Den ersten Unterricht bekommst du meist an der Longe. Du sitzt im Sattel, nimmst aber die Zügel noch nicht in die Hand. Der Reitlehrer führt das Pferd an einer langen Gurtleine, der Longe, und lenkt es in einem großen Kreis um sich herum. So kannst du üben, locker und entspannt zu sitzen, ohne dass du dem Pferd im Maul und im Rücken wehtust.

1 Lies die Texte genau.
Welches Bild passt zu welchem Text?

2 Kennt ihr noch weitere Reit-Tipps?
Stellt sie den anderen Kindern vor.

In der deutschen Reitweise lernst du schon zu Anfang, wie man den Pferderücken beim Traben durch das „Leichttraben“ entlastet. Der Reiter erhebt sich dazu jedes Mal, wenn das innere Hinterbein des Pferdes abfußt (abhebt), ein wenig aus dem Sattel.
Bei der zweiten Fußfolge setzt er sich geschmeidig wieder hin.

Ideen sammeln

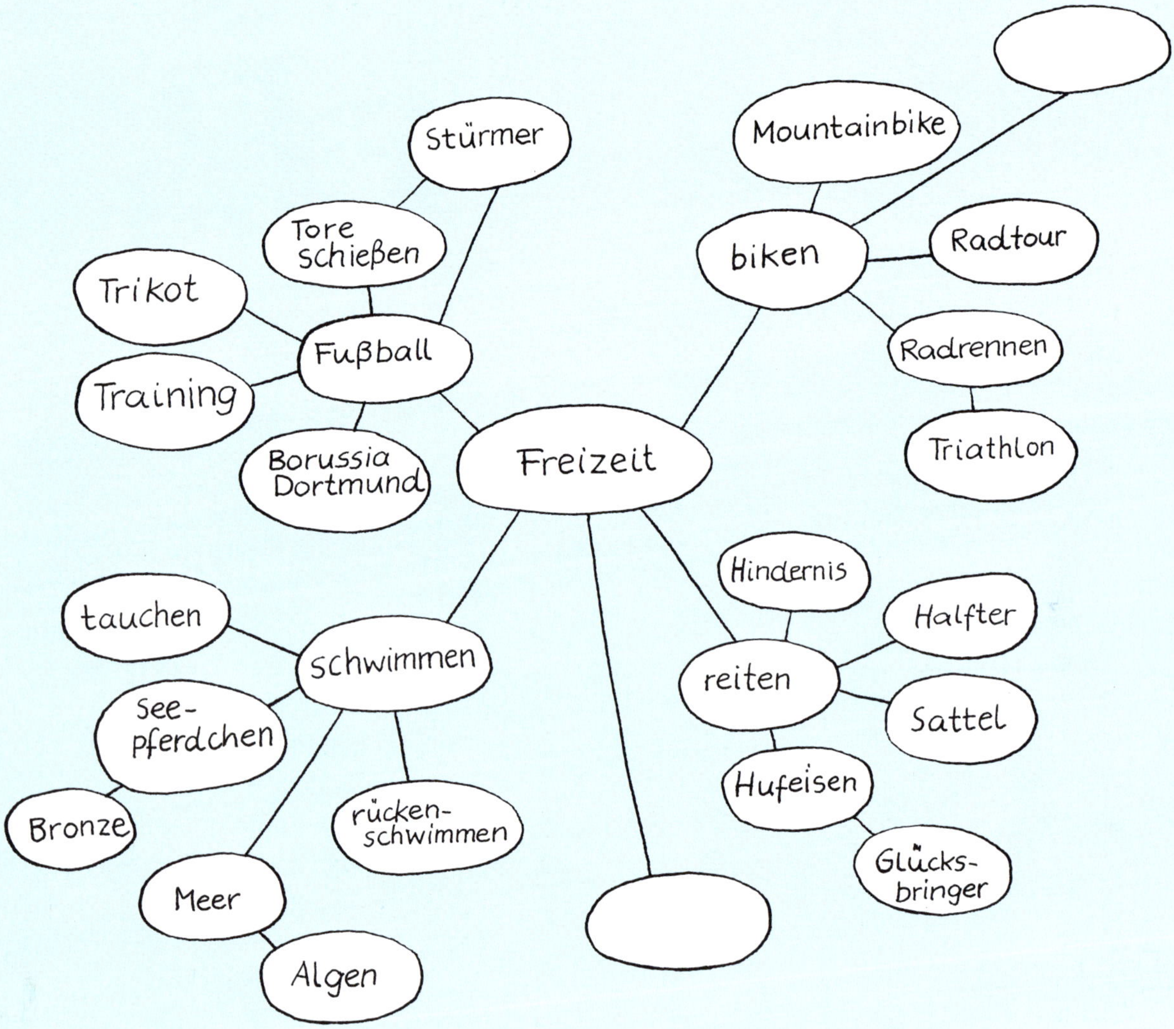

1 Sammelt eure Ideen zum Thema **Freizeit**. S. 35

2 Schaut euch den Cluster an.

3 Suche dir einen Begriff aus, zu dem du schreiben möchtest.
Schreibe einen Text.

4 Lest euch die Texte vor.
Vergleicht eure Texte.
Gibt es welche, die zusammenpassen,
z. B. **Geschichten** oder **Sachtexte**? S. 36

Begründet eure Meinung.

Themenkonferenz: Wir erstellen einen Cluster

1. Legt einen großen Bogen Papier auf einen Tisch.

Fünf bis sechs Kinder
bilden eine Gruppe.
Sie stehen um den Tisch herum.

Mitten auf dem großen Blatt
steht das Thema.

2. Ein Kind bekommt einen dicken Schreibstift.
Das Kind schreibt seinen Einfall als Stichwort
in die Nähe des Themenwortes,
kreist sein Stichwort ein
und zieht eine Verbindungslinie.

3. Dann bekommt das nächste Kind den Stift.
Dieses Kind schreibt seinen Einfall entweder
an eine ganz neue Stelle oder verbindet
sein Stichwort mit einem vorhandenen.

Wichtig: Kein Kind darf sprechen!

4. Alle gehen schweigend
um den Tisch herum.
Alle lesen und denken nach.
Jedes Kind schreibt seinen Einfall
an die passende Stelle, kreist ein,
zieht eine Verbindungslinie
und gibt den Stift still weiter.

Nach zehn Minuten habt ihr
ein weit verzweigtes Ideen-Gebilde,
den Cluster.

5. Jetzt könnt ihr euch die Cluster
der anderen Gruppen ansehen.

6. Jedes Kind sucht sich ein Stichwort
und schreibt dazu einen Text.

Cluster heißt Haufen:

Die zahlreichen Ideen,
die ihr habt, werden auf
diese Weise sortiert
und ihr bekommt immer
neue Anregungen.

Verschiedene Textsorten zum Thema *Rad fahren*

1 Lies die Texte genau.
Welches Kind hat welchen Text geschrieben?

Radeln
immer schneller
wie der Wind
über einen langen Feldweg
angekommen!

Die Tour de France

Das berühmteste Radrennen der Welt ist die Tour de France. Jedes Jahr im Sommer fahren viele Radrennteams durch Frankreich. Die Fahrer legen an ca. 20 Tagen 3500 bis 4000 km zurück. Der schnellste Fahrer in der Gruppe darf das gelbe Trikot tragen. Die erste Tour de France startete am 1. Juli 1903 in der Nähe von Paris.

Von der Polizei erwischt

Peters Lampe am Fahrrad funktioniert nicht. Trotzdem fährt er mit dem Rad durch die Dämmerung. Als ein Polizist ihn sieht, sagt er: „Du musst absteigen und dein Rad schieben, weil das Licht nicht brennt."
Da antwortet Peter: „Ach, das habe ich auch schon ausprobiert. Aber beim Schieben funktioniert das Licht auch nicht."
Da müssen beide lachen.

Am Samstag machen wir mit unseren Eltern eine Radtour. Damit alles gut klappt, müssen wir uns an Regeln halten:
1. Ein Erwachsener fährt vor.
2. Wir fahren hintereinander.
3. Wir tragen unsere Fahrradhelme.
4. Wenn ein Radweg vorhanden ist, benutzen wir ihn.
5. Wenn wir die Straße überqueren müssen, halten wir vorher an.

2 Schreibe einen Text zum Thema **Schwimmen**.
Entscheide dich vorher für eine Textsorte.

3 Vergleicht eure Texte.
Gibt es Texte, die zur gleichen Textsorte gehören?
Begründet eure Meinung.

Zusammengesetzte Nomen

1 Woran denken die Kinder bei dem Wort **Spiel**?

2 Setze die Wörter zusammen.

Computer + Spiel → Computerspiel

Suche noch weitere Wörter mit dem Baustein Spiel.

Computer	Spiel	Handball
Fußball		Schach

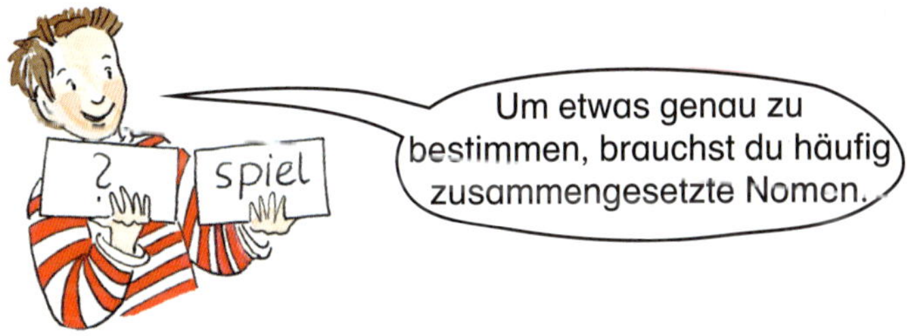

3 Setze die Wörter zusammen.

der Fußball + das Tor → das Fußballtor

Achte auf die Artikel. Was fällt dir auf?

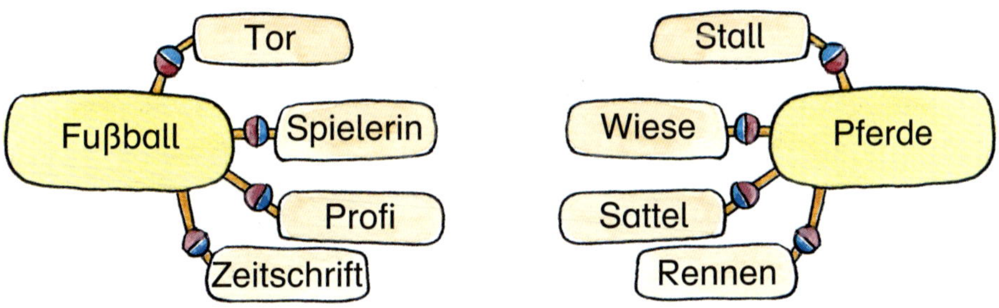

4 Bilde Sätze mit den zusammengesetzten Nomen.

5 Suche weitere zusammengesetzte Nomen zu deinem Hobby.

Nachschlagen in der Wörterliste

1 Welcher Buchstabe geht voran?
Welcher folgt?

1. **C** 2. **E** 3. **L** 4. **O** 5. **S** 6. **V**

2 Ordne die Wörter nach dem Abc.
Schreibe sie geordnet auf.

Zusammengesetzte Wörter

3 Schlage die zusammengesetzten Wörter mit dem Tipp von Flo nach.

S. 186/187

Lernwörter-Training

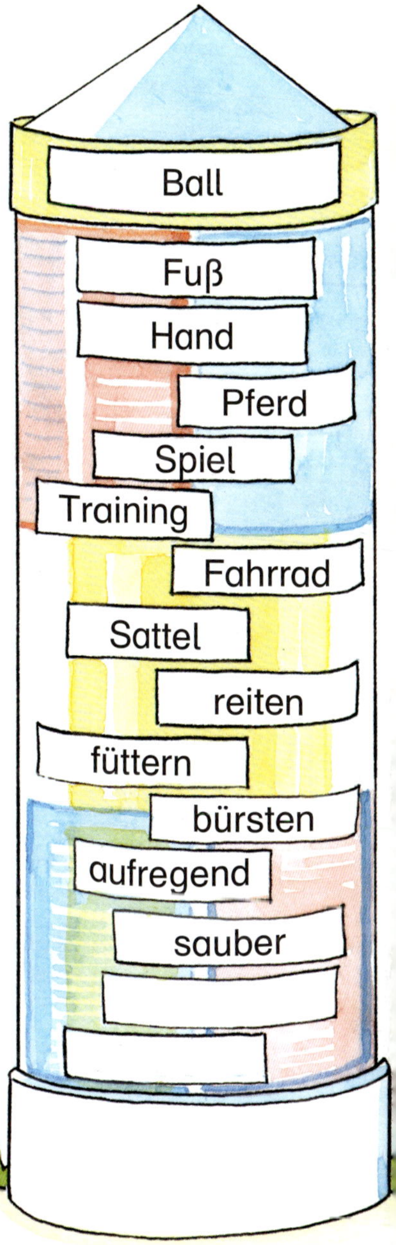

4 Ordne die Lernwörter nach dem Abc.

5 Bilde Sätze mit den Lernwörtern.
Du kannst in einem Satz
auch mehrere Lernwörter benutzen.

6 Bilde mit den Lernwörtern
zusammengesetzte Nomen.
der Fußball, …

7 Bilde möglichst
viele zusammengesetzte Nomen
mit diesen Lernwörtern:

Training	Spiel	Ball

das Schwimmtraining, …

Wörterrätsel

Schreibe die Lernwörter in dein Heft.

Unterstreiche die besonderen Stellen.

Stellt euch gegenseitig Rätsel.

8 Spielt das Spiel.
Ihr könnt auch andere Lernwörter nehmen.

S. 183

Abenteuer in der Nacht

Hatte mich im Wald verirrt,
fragte mich durch.
Die Antwort eines Spechts:
Erst links, dann rechts.
Der Rat eines Finks:
Erst rechts, dann links.
Nein, doch gradaus,
sprach eine Meise,
sonst gehst du im Kreise.
Ach wo, bleib doch hier,
sagte ein Spatz,
in meinem Nest wär noch Platz.
Das brachte mich zum Lachen
und das Lachen ließ mich erwachen.

Hans Manz

Das Tierkonzert

Miuh! Miuh! Miuh!
Hier kommt die Katzenkuh.

Kakeraka! Ich bin der Hahn,
der eine fremde Sprache kann.

Krawau! Krawau! Krawau! So bellt
der kleinste Krähenhund der Welt.

I – a – quakquak! – Gefällt es dir?
Erfindest du jetzt selbst ein Tier?

Georg Bydlinski

Tierwitze

Muttermaus geht mit ihrem Sohn spazieren. Sie treffen einen Kater. Plötzlich bellt Muttermaus. Der Kater erschreckt sich und läuft weg. Meint Muttermaus: „Es ist doch immer gut, Fremdsprachen zu kennen!“

Treffen sich zwei Dackel im Park. Sagt der eine: „Ich heiße Arko vom Schlosshof. Und du, bist du auch adelig?“ Sagt der andere: „Ja, ich heiße Runter vom Sofa!“

Ein Kater ist kein Sofakissen

In dem Buch ***Ein Kater ist kein Sofakissen*** *lässt Christine Nöstlinger einen Kater aus seinem Leben erzählen. Kurz nach seiner Geburt muss er seine Mutter und seine Geschwister verlassen und wird von einer Familie mit zwei Kindern mit in ihre Stadtwohnung genommen. Nun beginnt für den kleinen Kater eine harte Zeit.*

Die Zeit mit dem Namen „Samuel“

Ich erinnere mich erst wieder an den Augenblick, wo es hell im Korb wurde, weil jemand den Deckel abnahm. Der Axelburli holte mich aus dem Korb und setzte mich auf einen Teppich.
Das größere Kind rief: „Ich möchte, dass die Katze Samuel heißt!“

Die ersten paar Tage in meinem Samuelleben waren gar nicht so übel. Meine Mutter fehlte mir zwar. Und meine Geschwister fehlten mir auch ein bisschen. Aber in der Milchschüssel, die mir das größere Kind hingestellt hatte, war immer Milch. Und neben die Milchschüssel hatte es noch ein Holzbrett mit kleinen Fleischstückchen gestellt. Ich konnte fressen, so viel ich wollte. Keine Schwester und kein Bruder nahmen mir die Bissen weg.
Bloß der Axelburli war lästig. Und der wurde von Tag zu Tag lästiger.
Dauernd wollte er mich herumtragen und an mir herumstreicheln. Wenn ich mich unter ein Bett verkroch, zog er mich am Schwanz hervor. Wenn ich auf einen Schrank sprang, stieg er auf einen Stuhl und holte mich vom Schrank herunter.
Und auf den hohen Schrank, auf dem ich vor ihm in Sicherheit gewesen wäre, konnte ich damals selber noch nicht springen. Einmal versuchte der widerliche Axelburli sogar, in meinen Schwanz einen Knoten zu machen.
Und einmal wollte er mir ein Puppenkleid anziehen. Einmal band er mir eine Schnur an den Schwanz und an die Schnur eine leere Cola-Dose.
Ich hatte große Angst vor dem Axelburli! Wenn Katzen Angst haben, fauchen sie. Und ihr Fell sträubt sich. Und sie fletschen die Zähne.
Das weiß jeder, der Katzenangst kennt.
Aber die Menschen, bei denen ich war, kannten sich mit Katzenangst überhaupt nicht aus. Sie hielten mich für böse und für gefährlich.
Weil ich von Tag zu Tag immer mehr Angst vor dem Axelburli bekam, sträubte sich mein Fell natürlich auch von Tag zu Tag mehr und mein Fauchen wurde immer lauter.

Die Frau sagte: „Das Vieh benimmt sich ja wie eine Wildkatze!“ Der Mann sagte: „Da muss man Angst um die Kinder haben!“ Die Frau sagte: „Die Katze muss aus dem Haus!“ Das größere Kind sagte: „Ich traue mich gar nicht mehr, die Katze anzufassen.“ Die Frau mochte mich auch aus einem anderen Grund nicht: Weil ich nicht „stubenrein“ war! Dabei gibt es gar nichts „Stubenreineres“ als Katzen! Katzen scharren zuerst ein Loch in die Erde und hocken sich dann über das und „machen“ in das Loch hinein und schaufeln hinterher das Loch mit den Pfoten zu. Dabei schnuppern sie. Sie schaufeln so lange, bis man nichts mehr riechen kann. Wenn eine Katze in einer Wohnung wohnt, wo es nur harte Fußböden gibt, in die man keine Löcher scharren kann, geht sie in die Sandkiste, die man für sie aufgestellt hat. Das muss man einer Katze nicht erklären. Das kapiert sie von allein. Ich hatte das natürlich auch kapiert. Und meistens ging ich ja auch in die Sandkiste, um mein „Geschäft“ – wie die Leute das nannten – zu erledigen. Aber in der Wohnung standen überall Blumentöpfe herum. Blumentopferde ist zum Löchergraben und zum Kackeverscharren noch viel besser geeignet als Sand in einer Plastikkiste. Wenn ich Glück hatte, bemerkte die Frau nicht, dass ich mich wieder einmal in einen Blumentopf gehockt hatte. Aber manchmal kippte so ein Blumentopf um, wenn ich rauf wollte. Und Erde fiel heraus. Und ein paar Blätter und Stängel knickten ab. Dann regte sich die Frau schrecklich auf! Auch die Wurzeln gingen durch das Scharren kaputt, behauptete sie. Und manchmal plumpste die Kacke leider daneben. Warum sind die Töpfe auch so klein?

Wenn das passierte, regte sich die Frau noch schrecklicher auf. Dann kreischte sie: „Hier stinkt’s ja zum Umfallen! Samuel, du bist ein Luder! Wie die Pest stinkt’s hier!“ Na klar! Katzenkacke stinkt! Darum vergräbt eine ordentliche Katze sie ja auch.

Christine Nöstlinger

1 Wie geht Axelburli mit dem Kater um?

2 Wie sieht der Kater sein Verhalten?

Katzen

Wie die Katze zum Heimtier wurde

Früher hatten Menschen noch keine Wohnungen.
Sie schliefen in Zelten, heute hier, morgen da.
Und so streiften in der freien Wildbahn
auch die Katzen herum,
immer auf der Suche nach Beute.
Dann bauten Menschen die ersten Häuser und Dörfer.
Bauern hoben ihr Getreide in Speichern auf,
um auch in schlechten Zeiten daraus Mehl mahlen
und aus dem Mehl Brot backen zu können.
Das lockte die Mäuse an, aber die Katzen jagten sie.
Die Menschen freuten sich.
Endlich fraßen die Mäuse ihre Vorräte nicht mehr auf.
Im alten Ägypten waren den Menschen
die Katzen so wichtig,
dass sie sogar eine Katzengöttin verehrten.
Und die Katzen fingen nicht nur viele Mäuse,
sondern fanden auch Geborgenheit
und Ruhe bei den Menschen.
So wurde die Katze
zum Heimtier.

Katzen kann man alles sagen

Auf der Treppe saß ein Mädchen,
ein graues Kätzchen auf dem Schoß.
„Dreimal drei ist zwölfundzwanzig“,
flüsterte es ihm ins Ohr.

„Aber ja nicht weitersagen!“
Ernst sah es das Kätzchen an.
Keine Sorge, dacht ich, als ich’s
im Vorübergehn vernahm.

Katzen kann man alles sagen.
Was man auch zu ihnen spricht,
sie verraten kein Geheimnis.
Katzen machen so was nicht!

Josef Guggenmos

1 Vergleicht die Texte.

2 Warum waren Katzen in Ägypten für die Menschen so wichtig?

3 Warum ist die Katze für das Mädchen wichtig?

Wir vergleichen zwei Texte zu einem Thema

1. Überlegt euch ein Thema.
Das könnte zum Beispiel **Katzen** sein.

2. Sucht verschiedene Texte dazu.
Seht nach Texten in Sachbüchern, in Gedichtbänden, in Bilderbüchern und Kinderbüchern.

3. Entscheidet euch für zwei unterschiedliche Texte, zum Beispiel für ein Gedicht und einen Sachtext.

4. Untersucht:
Was erfahren wir aus den verschiedenen Texten?
Was ist gleich, was ist verschieden?
Wie sind die Texte aufgebaut?

An wen wendet sich der jeweilige Text?

Katzennächte

Mitten in der Nacht wird Cleo wach. Sie räkelt und streckt sich, springt auf den Boden und spaziert aus dem Kinderzimmer. Sie kann auch im Dunkeln gut sehen. Cleo springt auf das Fensterbrett. Das Fenster ist einen Spaltbreit offen, gerade weit genug, um hindurchzuschlüpfen. Einen Augenblick lang beobachtet sie noch den dunklen Garten und horcht. Dann springt sie hinunter und schleicht lautlos durch die Gemüsebeete. Bei der Hecke hinten im Garten bleibt sie plötzlich stehen. Hat es da nicht irgendwo geraschelt? Cleo erstarrt und lauscht. Nur ihre Schwanzspitze zuckt kaum wahrnehmbar. Jetzt ist es wieder still. Es war wohl nichts. Cleo hat einen eigenen geheimen Ausgang im dichten Gebüsch. So verschwindet sie oft aus dem Garten. Die Straße ist leer. Doch plötzlich taucht ein grelles Licht vor ihr auf. Mit zwei langen Sätzen springt sie auf die andere Straßenseite und ist schon im Wald verschwunden, als das Auto vorbeirast. Cleos Herz klopft. Sie bleibt stehen, aber zur Ruhe kommt sie nicht. Ein lauter, langer Schrei ist von oben zu hören. Eine Eule. Plötzlich spürt sie die großen weichen Flügel dicht über ihrem Kopf. Die Eule schreit ihr ins Ohr. Cleo duckt sich, legt die Ohren an und jagt davon. Erst nach einer ganzen Weile bleibt sie wieder stehen und horcht. Die Eule ist längst fort. Jetzt hat Cleo Hunger. Langsam schleicht sie durchs Unterholz. Kein Laut, nicht die geringste Bewegung entgehen ihr. Hier muss es doch Mäuse geben. Da raschelt es tatsächlich, aber viel zu laut für eine Maus. Cleo ist das nicht geheuer. Ihr Schwanz wird ganz buschig. Da hinten muss ein großes Tier kommen. Aber das Gebüsch ist so dicht, dass sie nichts erkennen kann. Das Rascheln wird lauter. Gleich muss das Tier da sein. Mit einem Satz springt Cleo auf den Baum und legt sich auf einen Ast. Da, es ist ein Fuchs. Lange Zeit starrt er zu ihr herauf, aber auf Bäume klettern kann er nicht. Schließlich macht er sich davon. Cleo kennt eine Stelle, wo es viele Mäuse gibt. Da will sie jetzt hin.

Aus der Tür in der Mauer

Am Waldrand wird es heller. Cleo schleicht in das Kornfeld und legt sich auf die Lauer. Es dauert nicht lange, da entdeckt sie eine Maus, und diesmal hat sie Glück. Sie wartet, bis die Maus ganz nahe herangekommen ist und schnappt zu.

Nach dem Essen putzt sie sich gründlich. Dann läuft sie über das Kornfeld, durch die Gärten, über Eisenbahnschienen, eine Böschung hinauf, durch einen Zaun. Hier ist der Hof, in dem sich alle Katzen aus der Gegend versammeln.

Einige sind getigert wie Cleo, eine ist ganz weiß, drei sind schwarz mit weißen Pfoten und ein Kater ist gelb wie Ingwer. Sie sitzen allein oder hocken dicht zusammen.

Cleo geht zu dem Gelben und leckt seine Ohren. Er rückt dicht an sie heran und zusammen schauen sie den anderen Katzen zu.

Die weiße Katze läuft zwischen den anderen Katzen hin und her und miaut. Da springt ein großer, grauer Kater mit dickem, glattem Fell über den Zaun. Er läuft direkt auf die weiße Katze zu. Sie schmiegen sich aneinander und beginnen zu schnurren.

Später sitzen alle Katzen im Kreis. Sie fühlen sich wohl und bleiben bis zum Morgen zusammen.

Schließlich erhebt sich der graue Kater und verschwindet. Nach und nach machen sich auch die anderen Katzen auf den Weg: zuerst die drei Schwarzen, dann die Weiße und die Getigerten.

Zum Schluss laufen auch Cleo und der Gelbe durch das Tor, die Straße hinunter bis zur Kirchhofsmauer. Der Gelbe springt mit einem Satz hoch, balanciert noch einmal auf der Mauer und verschwindet auf der anderen Seite.

Cleo blickt ihm nach, dann trottet sie nach Hause.

wird ein Tier auf der Lauer

1 Welchen Gefahren begegnet Cleo bei ihrem nächtlichen Streifzug?

2 Wie zeigen Katzen einander, dass sie sich mögen?

3 Vergleiche das Leben von Cleo mit dem Leben von Samuel.

4 Kneift die Augen zusammen und schaut euch die Bilder an. Was könnt ihr erkennen?

Die Welt der Hühner

Amerikanisches Alpenschneehuhn

Ich bin durch mein Federkleid hervorragend getarnt und vor Kälte geschützt. Ich kann lange Gänge im Schnee anlegen, um an die Knospen und Blätter der Zwergsträucher zu gelangen, von denen ich mich ernähre.

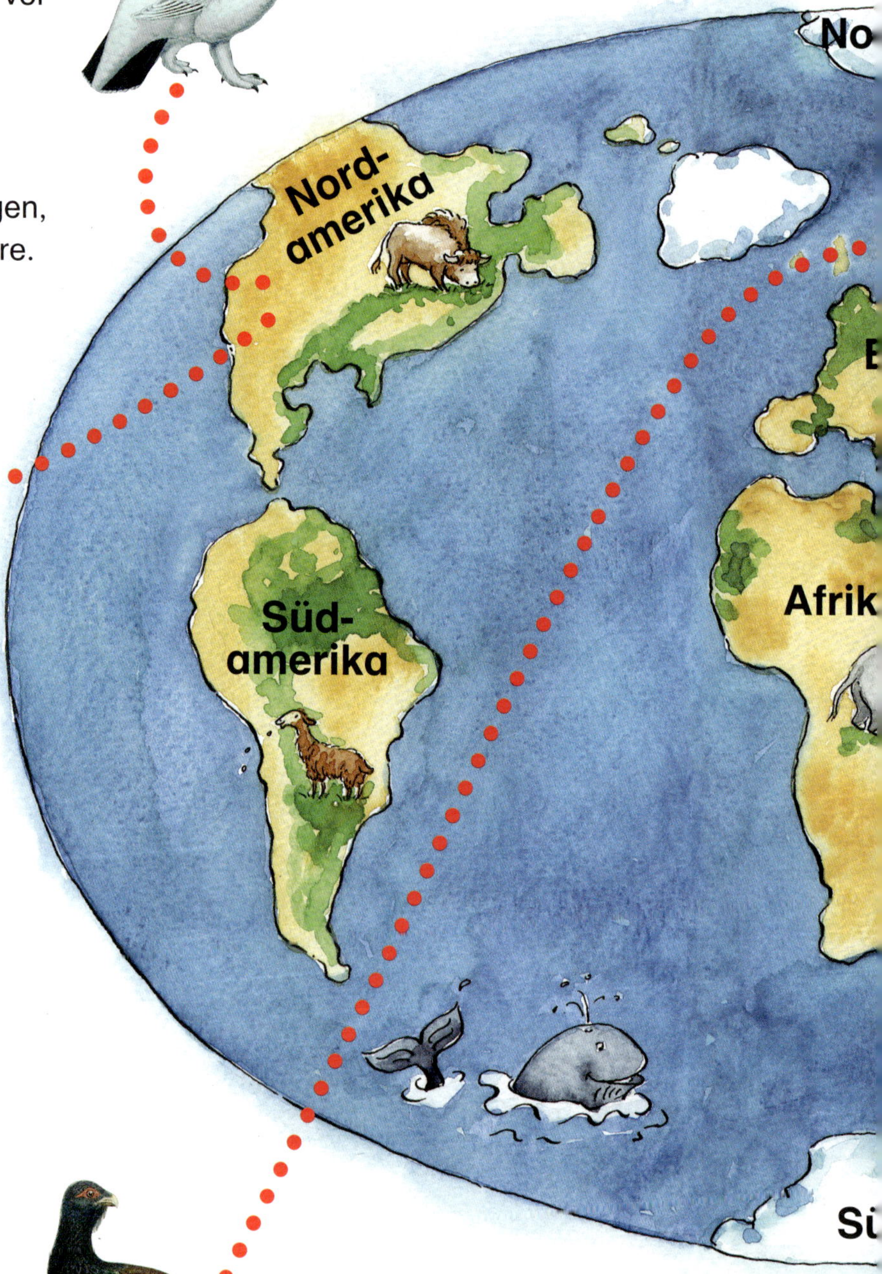

Kragenhuhn

Meinen Namen habe ich von dem Federbüschel an den Halsseiten. Das sieht aus wie ein Kragen.

Auerhahn

Ich lebe in Nadelwäldern. Man erkennt mich an meinem Balztanz zu Ehren eines Weibchens, wobei ich sehr merkwürdige Töne von mir gebe. Meine Frau heißt natürlich **Auerhuhn**.

Odinshühnchen

Bei uns sucht sich das Weibchen seinen Mann aus. Wehe, ein anderes Weibchen kommt mir dabei ins Gehege. Dann setzt es Schnabelhiebe. Ich lebe übrigens am nördlichen Polarkreis.

Steppenhuhn

Ich lebe in den Halbwüsten Chinas. Ich muss oft sehr weit fliegen, um zu einer Wasserstelle zu gelangen. Ich setze mich ins Wasser, bis sich mein Gefieder voll Wasser gesogen hat. So transportiere ich Wasser zu meinen Küken im Nest.

Thermometerhuhn

Ich baue aus Erde, feuchten Blättern und Zweigen einen großen Erdhügel. Das Weibchen legt mehrere Eier in die Eikammer. Das Sonnenlicht und die Zersetzung der Pflanzen erwärmen das Gelege auf 33 °C. Ich bin den ganzen Tag damit beschäftigt, die Temperatur zu erhalten. Mal decke ich die Eier ab, mal decke ich sie zu.

Zwei Hähne

In diesem Text geht es um zwei Hähne. Beide sind unterschiedlich. Achte beim Lesen darauf, welche Eigenschaften sie haben.

Balduin, der prächtige Hahn, war der Herr eines großen Hühnerhofes. Mit hocherhobenem Kopf stolzierte er den ganzen Tag umher. Dreiunddreißig Hühner, zwölf Enten und acht Gänse lebten noch in diesem Hof. Die Hühner verehrten ihren schönen Hahn sehr. Auch die Enten hatten ihn als Chef des Hofes anerkannt. Die Gänse mochten Balduin zwar nicht so sehr, weil er ihnen zu aufgeblasen vorkam, aber selbst sie mussten zugeben, dass etwas Majestätisches in seinem Wesen lag. Und wenn Balduin seine durchdringende Stimme erhob und sein lautes „Kikerikiiii!" schmetterte, verstummten alle Tiere ehrfurchtsvoll.

Der Hahn Balduin war rundherum mit seinem Leben zufrieden. Er war der Größte, der Beste und der Schönste, darüber konnte gar kein Zweifel bestehen. Nur eine Sache machte ihm schwer zu schaffen. Es gab einen zweiten Hahn in der Umgebung, der Balduins unumschränkte Größe offenbar in Frage stellen wollte: einen unheimlichen schwarzen Teufel, der Tag für Tag hochmütig auf Balduin und sein Reich herabschaute. Nie verließ er seinen Platz auf der Kirchturmspitze – seine Ausdauer und sein Mut waren ungeheuerlich! Selbst bei starkem Wind flog er nicht herunter, sondern drehte sich nur stolz hierhin und dorthin.

Balduin hasste diesen schwarzen Kirchturmhahn. Er ärgerte sich, sooft er ihn sah. Manchmal stieg Balduin auf den Misthaufen und schrie in der Hahnsprache zum Kirchturm hinüber: „Feigling! Komm herunter, wenn du dich traust! Ich bin hier der Größte, hörst du? Kikerikiiii!" Doch der unheimliche schwarze Hahn auf dem Kirchturm gab nie Antwort.

Erwin Moser

Die dritte Morgenstunde war für die Römer die Zeit, in der die Hähne zu krähen begannen und damit den Tagesanbruch ankündigten.
Heute zeigt der Hahn als Windfahne nicht nur auf Kirchtürmen, sondern auch auf anderen Gebäuden die Richtung an, aus der der Wind kommt.

Das Sonntagshuhn

Meine Großmutter hatte Hühner,
sie liefen treppab und treppauf,
und Großvater als ihr Diener
schloss morgens die Türen auf.

Nachts schliefen sie auf den Stangen,
dann schloss er sie wieder ein.
Nicht die Hühner waren gefangen –
der Fuchs konnte nicht herein.

Hühner, wenn sie nur wollen,
verstehen jedes Wort,
das sie nicht verstehen sollen,
sofort.

Weiß sind sie und gurren leise.
Eins von ihnen ist braun.
Es hat seine eigene Weise,
gedankenvoll zu schauen.

Eines Abends, als die andren schliefen,
winkte es mich herbei
und fragte mit seinem tiefen
Blick, was ein Sonntag sei.

Hanna Johansen

1 Wie leben die Hühner?

2 Manchmal werden Hühner wie Menschen beschrieben.
Suche die Textstellen.

3 Welche Bedeutung hat das Wort **gefangen**?
Was ist damit in diesem Gedicht gemeint?

Haustiere

Hund an Autobahnraststätte ausgesetzt

Piranhas in der Erft

Rotwangenschildkröte in Kläranlage gefunden

Katze fand Herrchen nach 600 km wieder

1 Was könnte da passiert sein? Sprecht darüber.

Ein Haustier ist kein Spielzeug!

2 Erstellt ein Plakat. Es soll darüber informieren, was es bedeutet, ein Tier zu halten. Die Stichwörter können euch Ideen liefern:

Ferienzeit | Futter | Auslauf | Nahrung | Zuwendung | Pflege | Umzug

Was man vor dem Tierkauf bedenken sollte

- Dein Tier muss auch in der Ferienzeit versorgt werden!
- ...
- ...

Bedburg. Rote Piranhas in der Erft

Eine erstaunliche Begegnung hatte ein Hobbyangler am vergangenen Wochenende beim Angeln an der Erft.
An seinem Angelhaken zappelte nicht die erwartete Forelle, sondern ein Piranha, der normalerweise im südamerikanischen Amazonas beheimatet ist.

Wir gestalten ein Plakat

1. Wir planen unser Plakat.

- Wen wollt ihr auf etwas aufmerksam machen?
- Was möchtet ihr erreichen?
- Wo findet ihr Informationen, mit deren Hilfe ihr überzeugen könnt?
- Welche Begründungen wollt ihr aufschreiben?
- Wie soll der Titel eures Plakates heißen?

Schreibt alles als Entwurf auf einzelne Zettel.

2. Wir gestalten unser Plakat.

- Plant die Aufteilung des Plakates.
- Gestaltet das Plakat mit Texten, Bildern und Zeichnungen.

3. Betrachtet euer Plakat und überprüft, ob ihr damit auf etwas aufmerksam machen könnt.

Aufforderungssätze

Schluss mit den Befehlen!

Horch!, sagt der Storch.
Renne!, sagt die Henne.
Schlaf!, sagt das Schaf.
Geh!, sagt das Reh.

„Ja, aber –."
Gib Ruh!, muht die Kuh.

Nimm Platz!, sagt der Spatz.
Geh weg!, sagt der Schneck.
Komm her!, sagt der Bär.
Los, raus!, sagt die Maus.

„Ja, aber darf ich denn nicht –."
Nix da!, kräht der Ara.

Hör mal!, sagt der Wal.
Tu nicht so!, sagt der Floh.
Sei still!, sagt der Mandrill.
Psst, leise!, sagt die Meise.

„Schluss! Aus! Ich will endlich mal
tun und lassen,
was ich will!", sage ich.

Sieh mal an!, sagt der Hahn.
Okee!, sagt das Reh.
Na klar!, sagt der Star.
Verzeih!, sagt der Hai.

Wolfgang Mennel

1 Was meint der Autor mit der Überschrift?

2 Tragt das Gedicht so vor, dass man „die Befehle" erkennt.

3 Suche alle Aufforderungsformen der Verben heraus.
Schreibe sie in eine Tabelle.

Aufforderungsform	***Grundform***
Horch!	*horchen*

4 Schreibe die Aufforderungsformen dieser Verben auf:

lesen | helfen | fressen | essen | sprechen

5 Was fällt dir auf?

6 Schreibe einen kurzen Text mit Befehlen.

S. 196

Der Wortstamm

1 Schreibe die Wortfamilie auf.
Welche Wörter findest du noch?
schlagen, der Vorschlag, …

2 Schreibe Wörter zu diesen Wortstämmen auf:

kratz | halt | pfleg | fall

3 Welches Wort gehört nicht zur Wortfamilie?

brüten | ausschlüpfen | Brutkasten | ausbrüten

Stinktier | Geruch | Gestank | stinken

Schrank | verschränken | Schranke | einsperren

4

Markiere den Wortstamm.
Was stellst du fest?

schleichen
Schleichweg
weg**schleich**en
an**schleich**en
die Blind**schleich**e
Schleichdiktat
auf die **Schlich**e kommen

Wörter, die einen gemeinsamen Wortstamm haben, gehören zu einer Wortfamilie.
Der Wortstamm kann sich auch verändern.

S. 195

Umlaute

Einmal

Einmal
verwandle ich mich in ein Tier,
das hüpft wie ein Frosch,
schleicht wie eine Schnecke
und rennt wie ein Reh.
Ich habe die Augen von einem Uhu
und kann den Kopf
drehen wie ein Falke.

Ich grabe mich wie eine Raupe tief
in die Erde
und lasse mich an einem Faden
vom Wind durch das Land tragen.
Ich werde Räder schlagen
wie ein Pfau,
gurren wie eine Taube
und krächzen wie ein Rabe.
Und einmal kommt der Jäger
und der trifft mich nicht.

Christina Zurbrügg

1 Suche verwandte Wörter
zu den blauen Wörtern im Gedicht.
Ergänze die Tabelle.

ä/äu	*a/au*
das Äuglein	*die Augen*

Verwandte Wörter mit au/äu

2 Käuzchen Säugling Mäuslein Bäume
Äuglein Täubchen Sträucher Läuse

Lege eine Tabelle an
und schreibe so:

Käuzchen	kommt von	*Kauz*
...	kommt von	...

3

4 Zu welchen Wörtern kannst
du eine Wortfamilie
aufschreiben?
Was stellst du fest?

Lernwörter-Training

1 

2 

3 

4 Ordne die Lernwörter nach dem Abc.

5 In welchen Wortfamilien kommen Wörter mit **a** und **ä** vor?
Schreibe sie auf.
der Schrank – die Schränke

6 Mit welchen Verben kannst du Aufforderungssätze bilden?
Schreibe sie auf.
Lass die Katze in Ruhe fressen!

7 

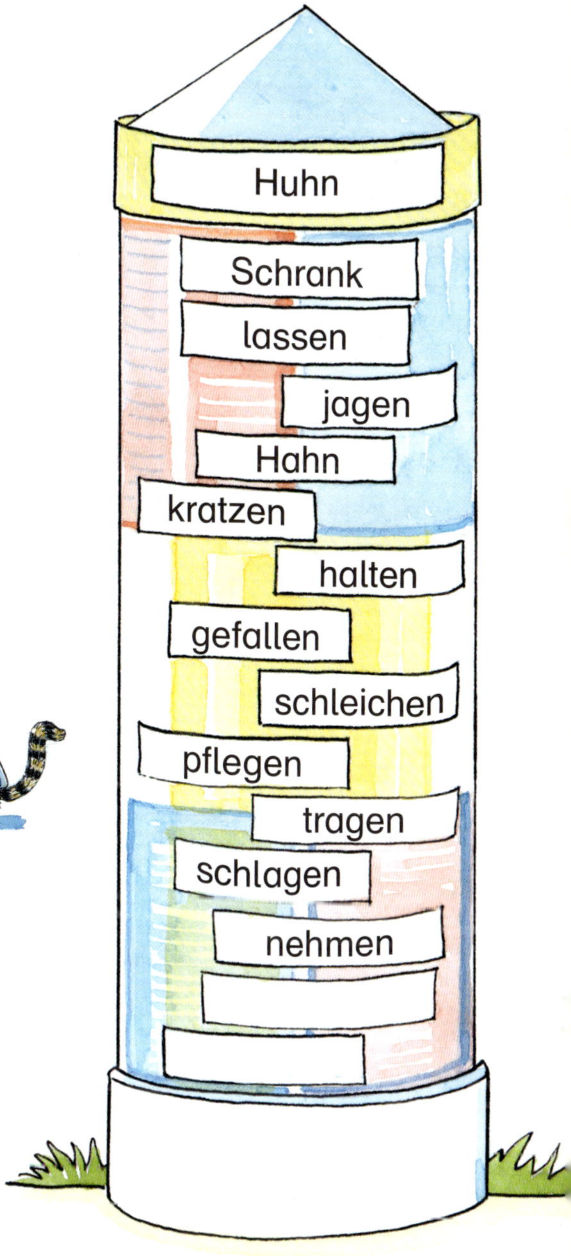

Spuk

Was spukt im Flur?
Was spukt im Schrank?
Dass da was spukt,
macht mich ganz krank.

Es kratzt.
Es schnurrt.
Und mir fällt ein:
Das kann nur
meine Katze sein.

8 Bilde Sätze mit einigen Wörtern.
Markiere den Wortstamm.

beantragen
vertragen
der Träger
die Trägerin
der Hosenträger
der Klassenvertrag
tragbar

(Im Original sind die Wortteile „trag“ und „träg“ fett gedruckt.)

S. 184

Alles im Kasten

Nichts für Papas

Lene will einen Krimi sehen.
„Krimis sind nichts für Kinder“,
sagt Papa.
Lene muss ins Bett.
Sie kann nicht einschlafen.
Sie tappt durch den Flur.
Sie geht ins Wohnzimmer.
Papa schaut den Krimi
und merkt nichts.
Lene tippt auf Papas Schulter.
„Hilfe“, schreit Papa.
„Hilfe! Räuber!“
Mama lacht.
„Krimis sind auch nichts
für Papas!“, sagt sie.

Frauke Nahrgang

Keks
Adresse
www.kika.de
Gleich im KI.KA
15.40 Schloss Einstein
MO-FR
Was willst du machen?
Der Kinderkanal von ARD/ZDF
Spiel & Spaß
KI.KA Welt
Über KI.KA
Kikania
TV
Sendungen
Was läuft
Wunschfilm
Vorgucker
Impressum
18.20
Teddy und Annie - Die vergessenen Freunde
14. Ein wunderbarer Held
26-teilige englische Zeichentrickserie 1995-1998
18.30
Marcelino
11. Der Zirkusakrobat
26-teilige spanisch-französisch-japanische Zeichentri
18.55
Unser Sandmännchen
Miffy: Miffy trifft Snuffy
19.00
Tabaluga
21. Ein prächtiges Paar
52-teilige deutsche Zeichentrickserie 1996-2001
19.25
Wissen macht Ah!
Shary und Ralph: mit fliegenden Drachen, Blutsaugern
Menschen
mit Shary und Ralph
19.50
logo!
Nachrichten für Kinder
20.00
Die kleinen Strolche
7. Die zwei Schulschwänzer
49-teilige amerikanischen Slapstickserie 1920-1944
20.15
USA High
3. Das Autorennen
37-teilige amerikanische Jugendserie 1997
Zusatzinfos - Microsoft Internet Explorer
19.00
Mi 14. Januar
Tabaluga
21. Ein prächtiges Paar
52-teilige deutsche Zeichentrickserie 1996-2001
Arktos schickt den Schneehasen Leon nach Grünland, der die Freundschaft zwischen Happy und Tabaluga zerstören soll. Die Rechnung geht auf: Tabaluga kündigt Happy aus Eifersucht auf Leon die Freundschaft. Da erscheint sein Vater Tyrion und erklärt ihm, dass wahre Freunde niemals auseinander gehen. Tabaluga versöhnt sich

Als die Bilder laufen lernten

1895 fanden in Berlin und Paris die ersten Filmaufführungen der Welt statt.
Die ersten Filme dauerten nur wenige Minuten.
Sie versetzten die Zuschauerinnen und Zuschauer
in eine unglaubliche Aufregung.
Die französischen Brüder Lumière gingen als Erfinder
und Hersteller der ersten Filme in die Geschichte ein.
Das Prinzip des Films hat sich seitdem nicht geändert:
Die Bewegungen,
die wir im Film sehen,
sind in Wahrheit eine Täuschung.
Denn ein Film besteht aus lauter einzelnen Bildern,
die so schnell aufeinander folgen,
dass das Auge sie nicht mehr einzeln wahrnehmen kann.
Ein Bild „haftet noch im Auge“,
während das nächste Bild schon folgt.
So verbinden sich die Bilder miteinander und wir nehmen
ein Dauerbild mit einer ständigen Bewegung wahr.
1902 entstand der erste Spielfilm.
Allerdings noch ohne Ton.
Bei diesen Stummfilmen gab es statt Sprache
Untertitel und Klavierbegleitung durch einen Pianisten,
der mit im Kinosaal saß.
Einige Jahre später liefen der Film und eine Art Tonband gemeinsam
auf demselben Streifen ab. Nun konnte man die Schauspielerinnen
und Schauspieler nicht nur sehen, sondern auch hören.

Christiane Ziemann

1 Wo fanden die ersten Filmaufführungen der Welt statt?

2 Wie hießen die Erfinder und Hersteller der ersten Filme?

3 Warum sind die Bewegungen im Film eine Täuschung?

4 Was fehlte dem ersten Spielfilm?

5 Welches Instrument begleitete die Stummfilme?

Wie entsteht ein Film?

Die Autorin oder der Autor
schreibt das Drehbuch.
Das Drehbuch ist die Vorlage
für den Regisseur,
der den Film daraus macht.

Wenn das Drehbuch fertig ist,
sucht der Regisseur
die passenden Orte aus,
an denen der Film gedreht wird.

Genauso wie die Drehorte
muss der Regisseur
auch die Schauspielerinnen
und Schauspieler finden,
die zum Drehbuch
und zum Film passen.

Für die Schauspielerinnen und
Schauspieler müssen passende
Kleider gefunden werden.
Die Maskenbildnerin schminkt
die Darstellerinnen und Darsteller.
Aber im Scheinwerferlicht soll
alles ganz natürlich aussehen.

Am Schneidetisch werden die einzelnen Szenen ausgewählt und zu einem fortlaufenden Film zusammengestellt. Bei Videobändern geht das heute meist elektronisch mit dem Computer, ohne dass wirklich „geschnitten“ wird.

Der Ton entsteht manchmal erst nach den eigentlichen Filmaufnahmen. So gibt es Geräuschemacher, die zum laufenden Bild täuschend echte Geräusche erzeugen können: zum Beispiel Donner mit großen Blechfolien.

Auch manche Stimmen werden erst im Nachhinein auf die Tonspur des Films oder auf das Videoband gesprochen.

Viele Aufnahmen werden mit Hilfe von Tricks gemacht. Wenn es im Film regnet, kommt das Wasser in Wirklichkeit oft nur aus einem einfachen Gartenschlauch.

An einem Film sind viele Leute beteiligt, die man gar nicht sieht:
Ein Regieassistent hält das Drehbuch griffbereit.
Der Kameramann filmt die Szenen mit der Filmkamera oder der Videokamera.
Ein Assistent zeigt mit dem Klappholz den Beginn der einzelnen Szenen an.
Der Regisseur leitet die gesamten Dreharbeiten
und bespricht mit den Schauspielerinnen und Schauspielern die Einsätze.
Die Maskenbildnerin steht mit Schminkkoffer und Kleidern bereit.
Der Tonmeister überprüft die Qualität des Aufnahmetons
und sein Assistent hält das Mikrofon an einem langen Galgen,
damit man es im Film nicht sieht.

Herbert Günther

Angriff der Viren

Nein, André durfte nicht an Papas Computer. André durfte nicht einmal das Zimmer betreten, in dem er stand. Es war nämlich Papas Arbeitszimmer.
Dort lagen viele wichtige Papiere herum.
Mindestens zweimal pro Woche bemühte Papa sich streng auszusehen. Dann rückte er seine Brille zurecht, kniff die Augen zusammen und hob den Zeigefinger.
„Mein Arbeitszimmer ist kein Spielzimmer, André! Merk dir das!“
Vielleicht zog der Computer André deshalb so magisch an. Es war, als würde er aus dem Arbeitszimmer rufen: „He, André! Komm, schalte mich ein!“
Seit Monaten hielt André stand. Dabei träumte er schon lange davon, das berühmte Raketenspiel zu spielen. Sein Freund Tim hatte ihm eine Kopie des Spiels geschenkt. Eine echte Raubkopie!
Das war, bevor André diese blöde Grippe bekam. Die Klassenkameraden besuchten ihn nicht. Sie hatten Angst sich anzustecken. André litt nämlich an einem ganz gemeinen Virus.
Heute Nachmittag war Papa zu einem wichtigen Termin weg. André war allein zu Hause. Diesmal konnte er nicht widerstehen. Schon saß er auf Papas schwarzem Bürostuhl und schob das Raketenspiel in den Diskettenschlitz.
Aber vor lauter Aufregung fiel ihm nicht mehr ein, wie man das Spiel startete.
Er drückte „F 12“ und „Enter“, doch es half nichts. „Fehler“ stand auf dem Bildschirm.
„Fehler. Fehler. Fehler.“ André begann zu schwitzen. Wahllos drückte er ein paar Tasten. Der Drucker sprang an und spuckte endlose Zahlenkolonnen aus.
Da knallte unten die Haustür. Das war Papa! Blitzschnell schaltete André den Computer aus und steckte das Raketenspiel ein. Dann rannte er in sein Zimmer und hechtete ins Bett. Mist! Der Drucker! Das ganze Papier! Papa würde sofort merken, dass jemand an seinem Computer herumgepfuscht hatte. Kurz bevor Papa sein Arbeitszimmer betrat, huschte André durch den Flur.

Unterm Schlafanzug zweiundfünfzig bedruckte Seiten.
Wohin damit? Am besten alles unters Kopfkissen.
André schwor sich, nie, nie wieder heimlich an Papas
Computer zu spielen. Eine Stunde später kam Papa
schniefend ins Zimmer …

Klaus-Peter Wolf

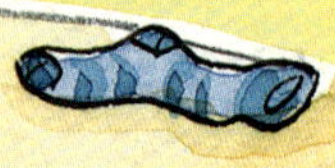

1 Wie geht die Geschichte weiter? Schreibe.

2 Stellt euch die Texte vor.

Wir vermuten, wie ein Text weitergeht

1. Jedes Kind liest den Text.
Es ist nur der Anfang.

2. Überlegt gemeinsam,
was ihr aus dem Text erfahren habt.
Ihr könnt euch gegenseitig
Fragen zum Text stellen.

3. Überlegt, wie der Text weitergehen könnte.
Was müsst ihr bei eurer Fortsetzung beachten?

4. Jedes Kind schreibt seine Fortsetzung auf.

5. Stellt euch eure Fortsetzungen gegenseitig vor.
Passt die Fortsetzung zum Textanfang?

6. Jedes Kind liest das Ende des Originaltextes.

7. Was stimmt mit euren Texten überein,
was ist anders?

Man kann auch einen Buchtitel nehmen
und sich ausdenken,
was wohl erzählt wird.

Woraus besteht ein Computer?

Auf der Festplatte
sind alle wichtigen Programme und Daten
eines Computers gespeichert.
Wenn man ein Programm öffnet,
lädt der Computer die Daten,
die er zum Arbeiten braucht,
in seinen Arbeitsspeicher.
Der Bildschirm wird auch
Monitor genannt.
Die Soundkarte und die Lautsprecher
sorgen dafür, dass Töne
übertragen werden.
Mit der Tastatur und der Maus
können Buchstaben,
Zahlen und Befehle
eingegeben werden.
Mit dem Drucker werden
Texte und Bilder ausgedruckt.
Um Daten auf einer Diskette
lesen und speichern
zu können, muss der PC
ein Diskettenlaufwerk haben.
Über das CD-ROM-Laufwerk
können CDs im Computer
abgespielt werden.
Um im Internet surfen zu können,
muss der PC, z. B. über ein Modem,
mit der Telefonleitung
verbunden sein.

Christiane Ziemann

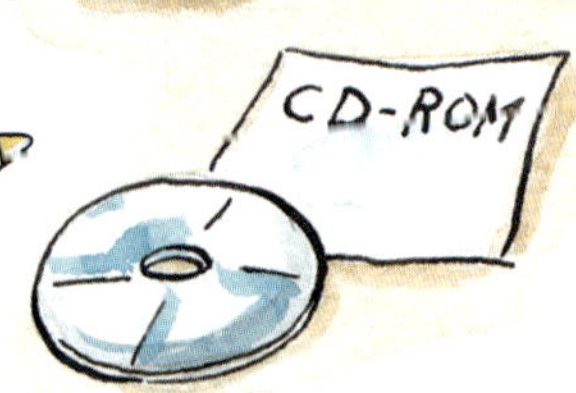

1 Stellt euch gegenseitig Fragen zum Text. S. 15

2 Findet die Computer-Fachbegriffe und schreibt sie auf.

Z 3 Kennt ihr noch mehr Computer-Fachbegriffe?
Stellt sie auf einem Plakat zusammen und erklärt sie.

Einkauf per Computer

Tom möchte ein neues Fahrrad haben. Sein altes ist kaputt. Mutter hat vorgeschlagen, ein gebrauchtes im Internet zu kaufen. Tom ist einverstanden. Er geht an den Computer und schaut ins Internet. Er findet viele Angebote von gebrauchten gut erhaltenen Fahrrädern. Er sucht ein schönes Fahrrad aus und will seiner Mutter das Angebot zeigen. Seine Mutter ist in Eile. Sie muss weg. Sie schaut schnell auf das Fahrrad auf dem Bildschirm und auf den Preis. Sie sagt: „Ja, dieses Fahrrad können wir nehmen." Tom klickt und klickt. Er ruft: „Mama, ich brauche die Nummer von deiner Kreditkarte, sonst geht das hier nicht." Die Mutter gibt sie ihm schnell und verlässt das Haus. Tom sucht weiter. Er findet noch andere Fahrräder, die ihm gefallen. Warum sollte er sich die nicht ansehen? Tom weiß, wie man bestellt, und er klickt und klickt und klickt … Er denkt sich, wenn die Fahrräder zur Auswahl kommen, werde ich mich für das beste entscheiden. In der nächsten Woche, am Montag, klingelt es. Vor der Tür steht der Lieferservice: mit einem Fahrrad. Tom ist begeistert. Auch seine Mutter ist zufrieden. Doch am nächsten Tag, am Dienstag, klingelt es wieder. Vor der Tür steht der Lieferservice: mit einem Fahrrad. Die Mutter erschrickt. Sie wollten doch nur ein Fahrrad. Aber bestellt ist bestellt und gekauft ist gekauft. Und auch am nächsten Tag, am Mittwoch, klingelt es. Vor der Tür steht wieder der Lieferservice: mit einem Fahrrad. Und am Donnerstag auch und am Freitag auch. Die Mutter von Tom ist entsetzt. Fünf Fahrräder stehen da. Alle Fahrräder sind bezahlt. Tom ist es peinlich. Er wollte die Fahrräder doch nur ansehen und sich dann das beste aussuchen. Er wusste nicht, dass er sie sofort gekauft hatte. Zuerst schimpft seine Mutter. Doch dann sagt sie: „Ich bin wohl auch daran schuld. Ich hatte es so eilig und habe dir nicht erklärt, wie man Dinge im Internet bestellt." Toms Mutter ruft die Leute an, die ein Fahrrad verkauft und geschickt haben. Drei Fahrräder können sie zurückgeben. Ein Fahrrad bieten sie selbst wieder zum Verkauf an. Ein Fahrrad darf Tom behalten.

Erika Altenburg

1 Sprecht über das Problem von Tom und seiner Mutter.

2 Beantworte die Fragen:

① Was hat Tom falsch gemacht?

② Was hätte die Mutter von Tom beachten müssen?

③ Woran muss man denken, wenn man etwas im Internet kaufen möchte?

Reklame

Es wirrt in mir
ein Wirbeltier,
O-DENT-A ist sein Name;
es macht dies irre
Schwirretier
für Zahnpasta Reklame.

Ich hab's heut Morgen
aufgeschnappt
von einer Anschlagsäule;
nun hat sich's in mir
festgeschnappt
und quält mich mit Geheule:
O-DENT-A gegen Zahnverfall,
O-DENT-A gegen Löcher,
O-DENT-A tönt es überall,
O-DENT-A noch und nöcher:
„Die Zähne werden blendend weiß,
dein Zahnfleisch eine Rose
und duften wirst du aus dem Mund
wie eine Aprikose!"

Ich sause gleich zur Drogerie,
um mir das Zeug zu holen,
und putze mir von spät bis früh
die Zähne wie befohlen.
Doch heute hörte ich entsetzt
im Fernsehn: „Zur Hygiene
benutze CARADENTAL jetzt
und rette deine Zähne!"

Was nehm ich nun, ich armer Mann?
Jetzt habe ich die beiden …
Ich schaue stumm die Tuben an
und kann mich nicht entscheiden!

Max Kruse

1 Was verspricht die Werbung hier?

2 Tragt das Gedicht vor.
Man soll dabei merken, dass der Autor
sich über die Werbung lustig macht.

Werbeanzeigen wollen zum Kauf anregen

1 Vergleicht die Werbeplakate miteinander.
Was haben sie gemeinsam? Welche Unterschiede gibt es?

2 Welcher Werbung glaubst du?
Begründe.

3 Sammelt Werbeanzeigen, die sich an Kinder wenden.
Beantwortet diese Fragen:

① Für welches Produkt wird geworben?
② Wie heißt der Werbeslogan?
③ Was verspricht der Werbetext?
④ Was zeigen die Bilder? Welchen Eindruck machen sie auf dich?
⑤ Welche Wünsche soll die Werbung wecken?

4 Welche Werbung prägt sich besonders gut ein?
Weshalb?

Wir schreiben über unsere Lieblingssendung

Warum Löwenzahn meine
Lieblingssendung ist
Da lernt man viel über die Natur.
Über Pflanzen und Tiere.
Und es ist lustig.
Man lernt auch viel über früer.
Peter Lustig hat auch sehr viele
Ideen.
Tina

1 Was teilt Tina in ihrem Text mit?

2 Findet den Rechtschreibfehler, den Tina gemacht hat.

Warum Peter Lustig meine
Lieblingssendung ist:
Weil man so viel lernen kann
und so viel entdecken kann,
weil er auch sehr lustig
manchmal ist, man kann auch
etwas, was schön ist, nach-
basteln, mehr fällt mir nicht
ein.
Er geht in echte Theater und
guckt hinter die Kulissen man
kann sogar gucken, ob die
Sachen echt sind oder
unecht.
Leon

3 Was wisst ihr über die Sendung, wenn ihr den Text gelesen habt?

4 Was muss Leon überarbeiten?

- Welche Äußerung gehört nicht in diesen Text?
- Was müsste umgestellt werden?

Warum Löwenzahn meine
Lieblingssendung ist
Ich finde, dass Löwenzahn
eine interessante Sendung ist,
weil man sehr viel lernen kann.
und manchmal ist sie
auch lustig.
Tanja

5 Was erfahrt ihr aus dem Text von Tanja?

6 Muss Tanja ihren Text überarbeiten?

7 Welchen Tipp könnt ihr Tanja für ihre Rechtschreibkorrektur geben?

Wir überarbeiten unsere Texte

1. Die Kinder lesen sich ihre Texte gegenseitig vor.
Sie sprechen über jeden Text:
- Was erfährt man aus dem Text?
- Was kann man sich besonders gut vorstellen?

2. Jeder Text wird noch einmal vorgelesen.
Überlegt gemeinsam:
- Ist der Text verständlich?
- Muss der Text überarbeitet werden?

Entscheidet gemeinsam,
wenn ein Satz korrigiert
oder wenn etwas ergänzt werden muss.

3. Stellt eure Texte in einer Gruppe vor.
Jedes Kind bekommt gesagt,
was an seinem Text besonders gelungen ist.
Die Gruppe wählt einen Text aus,
der der ganzen Klasse vorgestellt wird.
Begründet eure Entscheidung.

4. Zwei Kinder korrigieren gemeinsam
die Rechtschreibung von zwei Texten.
Sie können ihre eigenen Texte nehmen
oder Texte von anderen Kindern.
- Welche Wörter müssen korrigiert werden?
- Welche Satzzeichen fehlen?

Begriffe und Piktogramme

Im Computerbereich bekommen einige Wörter eine andere Bedeutung.

Begriff	Alltagssprache	Computersprache
löschen	– einen Brand löschen – seinen Durst löschen	– Daten, Texte, Bilder oder Ähnliches von der Festplatte eines Rechners entfernen

1 Lege eine Tabelle an.
Schreibe auf, was die Wörter bedeuten.

- herunterfahren
- abstürzen
- surfen
- aufräumen
- Fenster
- Virus

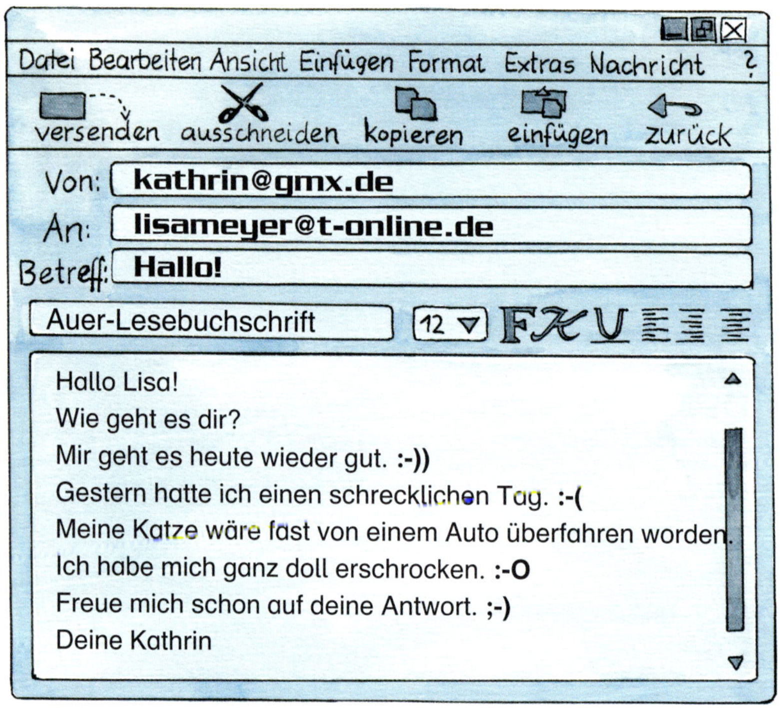

2 Was bedeuten die **fett gedruckten** Zeichen?

3 Welche Zeichen kennst du noch?
Probiere mit dem Computer.

Wörter verlängern und ableiten

1 Deutliches Sprechen allein reicht hier nicht aus.
Verlängere die Wörter: *eine Gans – viele Gänse*

Gan□
Gla□
Mau□
Hal□
Krei□
Klei□
Pfer□

We□
Zu□
Bur□
Schran□
Geschen□
Geschäf□
Ra□

2 Zu welchem Bild fehlt das Wort? Ergänze.

3 Verlängere die Adjektive: *rund – der runde Ball*

schlan□: die ________ Frau
klu□: der ________ Hund
fleißi□: die ________ Biene
en□: die ________ Straße

4 Leite die Verbform von der Grundform ab. Schreibe in eine Tabelle.

Verbform	**kommt von**	**Grundform**
verschiebt	kommt von	verschieben
schrei□t	kommt von	
gi□t	kommt von	
fra□t	kommt von	

Kontrollieren und korrigieren

Glück gehabt
Eben noch hatte Lena bei der Ärztin gesessen und sich ihren rechten Arm eingipsen lassen. Sie war am Nachmittag beim Fahrradfahren gestürzt und hatte sich dabei den Arm gebrochen.
Nun sitzt sie bereits vor ihrem Computer und freut sich darüber, dass sie ihre Hausaufgaben am Rechner schreiben darf. Lena schreibt nämlich nicht gerne mit dem Füller. Aufgeregt beginnt Lena zu tippen …

Glück gehabt
Eben noch hatte Lena bei der Erztin gesessen und sich ihren rechten Arm eingibsen lassen. Sie war am Nachmittag beim Faratfahren gestürzt und hatte sich dabei den Arm gebrochen.
Nun sitzt sie bereits vor ihrem Computer und freut sich darüber, dass sie ihre Hausaufgaben am Rechner schreiben darf. Lena schreibt nämlich nicht gerne mit dem Füler. Aufgeregt beginnt Lena zu tipen...

1 Vergleiche den abgeschriebenen Text mit der Vorlage.

2 Welche Wörter sind falsch geschrieben? Schreibe diese Wörter richtig auf.

Jonas und die Maus

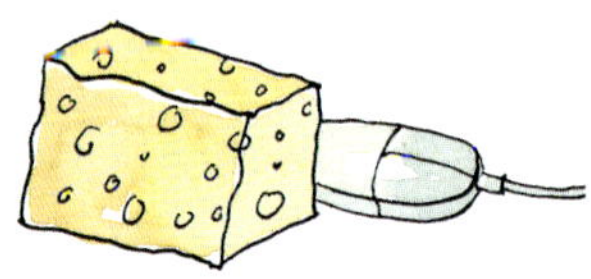

Annika sitzt in ihrem Zimer und liest.
Da kommt ihr kleiner bruder Jonas herein und get zum Computer.
In der Hant hält er ein großes Stück Kese.
„Was wilst du denn mit dem Kese machen?", frakt Annika neugierich.
„Na, ich will die Maus fütern", antwortet Jonas.

3 Kontrolliere *diese Wörter* durch Nachdenken oder Nachschlagen.

4 Schreibe die falschen Wörter richtig auf.

S. 188/189

Lernwörter-Training

1 

2 

3 

4 Ordne die Lernwörter nach dem Abc.

5 Suche dir Lernwörter aus.
Schreibe Fragesätze.

6 Bilde die Mehrzahl der Nomen.
der Film – die Filme

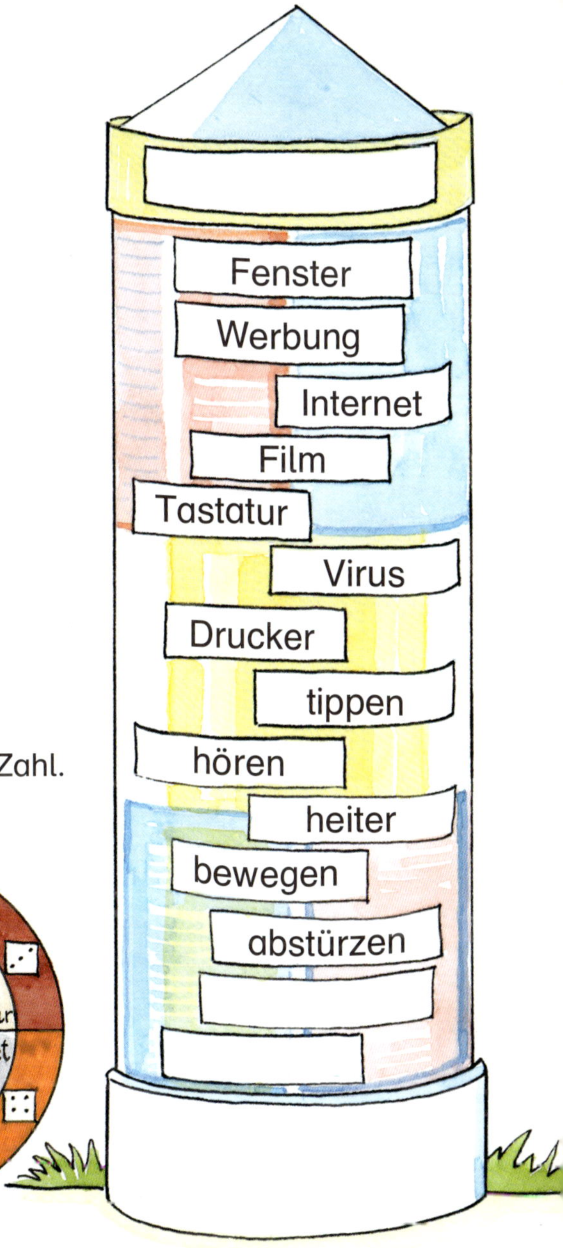

7 **Wörterräder**

Würfle mit zwei Würfeln.
Suche aus jedem Rad das Wort zur jeweiligen Zahl.
Bilde mit beiden Wörtern einen Satz.

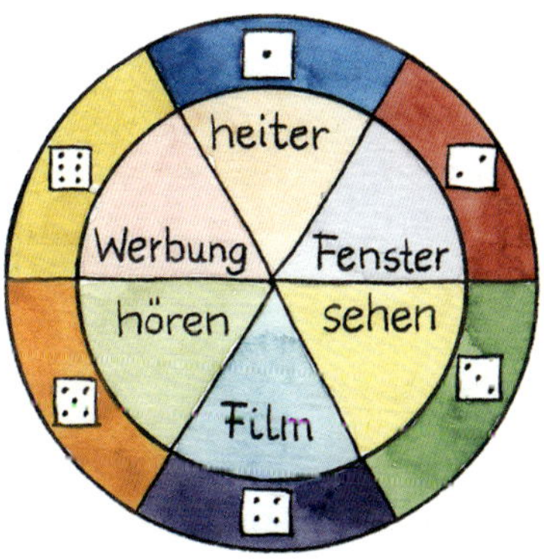

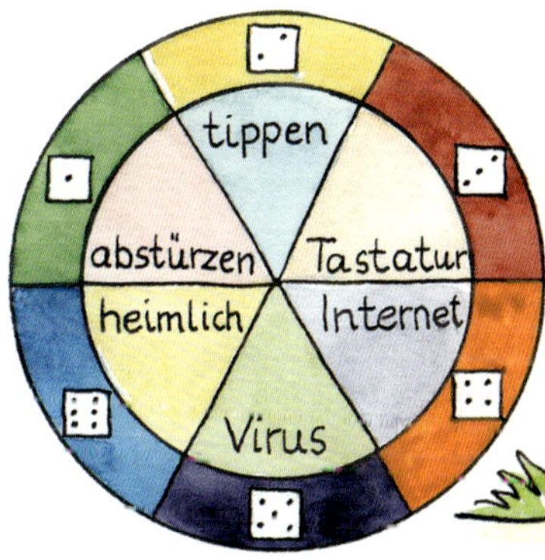

8 

Der Computer hat einen Virus.
Ich surfe gerne im Internet.
Mit der Tastatur tippe ich den Text.
Ich höre den Drucker drucken.
Ich sehe Werbung im Fernsehen.

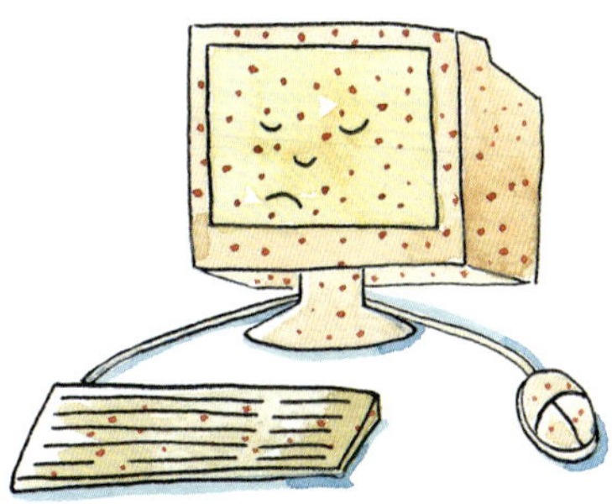

Es war einmal – es war keinmal

Zauberhaft

Splosch!
Eine Prinzessin
küsste einen Frosch.
Da wurde er sogleich
ein Jüngling, schön und reich.
Der Jüngling fand sich selbst so schön,
er wollte sich immer im Spiegel ansehn.
Sie küsste ihn noch einmal.
Splosch!
Da wurde er wieder
ein Frosch.

Georg Bydlinski

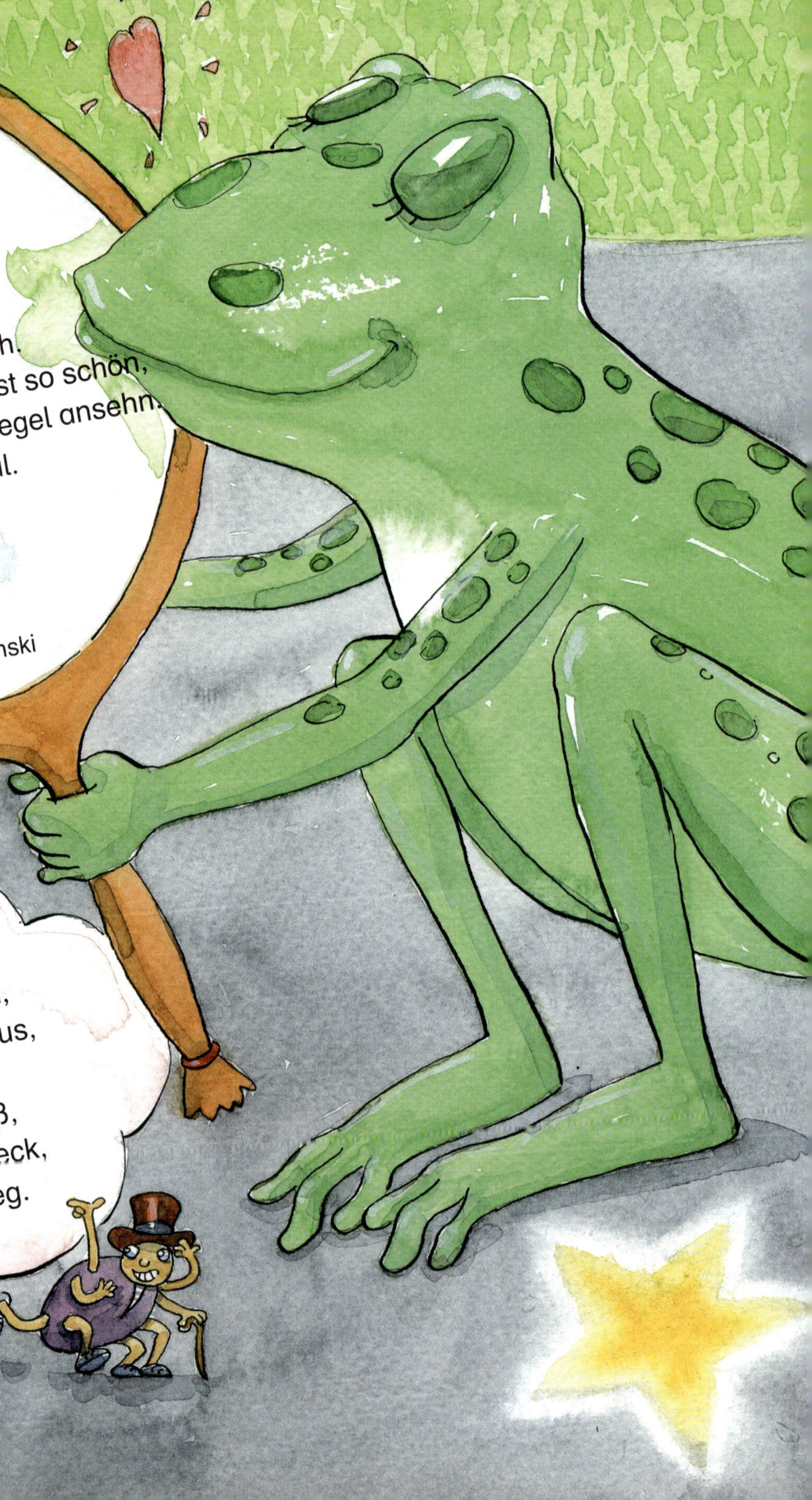

Zaubersprüche

Spinnen, Mäuse, Birnenkern,
Schlangengift, Rhabarbermus,
Petersilie mag ich gern,
Hühnerscheiße unterm Fuß,
wer mich ärgerl, Katzendreck,
wird verzaubert und ist weg.

Jutta Richter

Die Königin von Uelzen

Die Königin von Uelzen,
die ist so winzig klein.
Sie passt in unsern Büchern
in ein einziges Wort hinein.

Sie wohnt auf einem Hügel,
dort steht ein kleines Schloss.
Das Reich, das sie regiert,
ist daumennagelgroß.

Der Königin von Uelzen
sind Glück und Lachen fremd,
denn sie hat einem Riesen
ihr kleines Herz geschenkt.

Sie sitzt auf ihrem Hügel
in ihrem kleinen Schloss
und kann nicht zu ihm kommen.
Der Riese ist zu groß.

Ihr Seufzen und ihr Sehnen,
das hat er nie gehört,
obwohl sie jede Stunde
ihm Treu und Liebe schwört.

Und möchte sie ihn sehen,
so muss er ferne sein.
Denn nur in großer Ferne
ist auch ein Riese klein.

Jutta Richter

Die Bremer Stadtmusikanten

Ein Esel, schwach und hochbetagt,
ein Hund, von Atemnot geplagt,
ein Katzentier mit stumpfem Zahn
und ein dem Topf entwichner Hahn,
die trafen sich von ungefähr
und rieten hin und rieten her,
was sie wohl unternähmen,
dass sie zu Nahrung kämen.

„Ich, Esel, kann die Laute schlagen:
Ja plonga plonga plomm."

„Ich, Hund, will's mit der Pauke wagen:
Rabau, rabau, rabomm."

„Ich, Katze, kann den Bogen führen:
Miau, miau, mihie."
„Ich, Hahn, will mit Gesang mich
rühren:
Kokürikürikie."

So kamen sie denn überein,
sie wollten Musikanten sein
und könnten's wohl auf Erden
zuerst in Bremen werden.

Ja plonga plonga plomm.
Rabau rabau rabomm.
Miau miau mihie.
Kokürikürikie.

Die Sonne sank, der Wind ging kalt.
Sie zogen durch den dunklen Wald.
Da fanden sie ein Räuberhaus.
Das Licht schien in die Nacht hinaus.

Der Esel, der durchs Fenster sah,
wusst' anfangs nicht, wie ihm geschah:
„Ihr Kinder und ihr Leute,
was winkt uns da für Beute!"

Den Fuß er leis ans Fenster stellte,
ja plonga plonga plomm,
der Hund auf seinen Rücken schnellte,
rabau, rabau, rabomm,

und auf den Hund die Katze wieder,
miau, miau, mihie,
zuoberst ließ der Hahn sich nieder,
kokürikürikie.

Das Räubervolk zu Tische saß,
man schrie und lachte, trank und aß.
Und plötzlich brach durchs Fenster
der Sturm der Nachtgespenster:

Ja plonga plonga plomm.
Rabau rabau rabomm.
Miau miau mihie.
Kokürikürikie.

So grässlich waren Bild und Ton,
dass die Kumpane jäh entflohn.
Statt ihrer schmausten nun die vier,
bezogen dann ihr Schlafquartier.
Ein Räuber doch mit schiefem Blick
schlich mitternachts ins Haus zurück,
um heimlich zu ergründen,
wie denn die Dinge stünden.

Mit eins war sein Gesicht zerrissen,
miau, miau, mihie,
sein linkes Bein mit eins zerbissen,
rabau, rabau, rabomm,
sein Leib getroffen von den Hufen,
ja plonga plonga plomm,
sein Herz erschreckt von wilden
Rufen,
kokürikürikie.

Er lief und lief durchs Dickicht quer,
als käm' der Teufel hinterher.
Da gab es bei den Tieren
ein großes Jubilieren:

Ja plonga plonga plomm.
Rabau rabau rabomm.
Miau miau mihie.
Kokürikürikie.

Manfred Hausmann

1. Welche Wörter oder Redewendungen sind schwer zu verstehen? Überlegt, was sie bedeuten.
2. Tragt das Gedicht vor.
3. Findet ihr Musikinstrumente, die zu den Tieren passen? Gestaltet den Vortrag.

Reynaldo Kákachi
Die Bremer Stadtmusikanten

FROSCHKÖNIG

DOCH EINES TAGES...
NEIN!
PLATSCH!
SCHLUCHZ!
QUAK, WAS GIBST DU MIR, WENN ICH DIE KUGEL HERAUFHOLE?
ALLES, WAS DU WILLST! PERLEN, EDELSTEINE, MEINE GOLDENE KRONE...
QUAK! DAS ALLES MAG ICH NICHT! ICH MÖCHTE DEIN FREUND SEIN! ICH WILL AN DEINEM TISCH SITZEN, VON DEINEM TELLER ESSEN, AUS DEINEM BECHER TRINKEN UND IN DEINEM BETT SCHLAFEN!
ICH VER- SPRECHE ALLES!

QUAK, QUAK, NIMM MICH MIT! QUAK, QUAK!
PENG!
PENG!
WER RUFT DA NACH DIR?
KLOPF, KLOPF! KÖNIGS-TOCHTER, JÜNGSTE, MACH MIR AUF!

DAS IST DIESER GRÄSSLICHE FROSCH, DER MEINE GOLDENE KUGEL WIEDER AUS DEM BRUNNEN GEHOLT HAT. ICH HABE IHM VERSPROCHEN, DASS ER MEIN FREUND SEIN DARF, ABER ICH HABE NICHT GEDACHT, DASS ER ES ERNST MEINT.
WAS DU VERSPROCHEN HAST, MUSST DU AUCH HALTEN!
QUAK! LASS MICH REIN!
QUAK, QUAK!
HEB MICH HINAUF! QUAK!
LASS MICH VON DEINEM TELLERCHEN ESSEN! QUAK!
ICH BIN MÜDE - BRING MICH IN DEIN BETT! QUAK! QUAK!

Schreibe das Märchen aus der Sicht der Prinzessin oder aus der Sicht des Frosches.

Prinzessin:
Mir war es langweilig. Deshalb nahm ich meine goldene Kugel und spielte damit im Garten ...

Frosch:
Gemütlich saß ich in meinem kühlen Brunnen und döste so vor mich hin. Da machte es plötzlich „platsch“ und ...

Ich pfeife auf den Königssohn

Dornröschen war ein schönes Kind
und schlief einhundert Jahre.
Schneewittchen biss vom Apfel ab
und lag tot auf der Bahre.
Und wie das so im Märchen ist,
hat sie ein Prinz dann wachgeküsst.

Ich pfeife auf den Königssohn,
ich schlafe nicht, ich lebe schon.
Und wer's nicht glaubt, der sollte gehen,
der wird mich nie verstehn.

Ein Mädchen sollte Strümpfe stopfen,
kochen, backen, sticken.
Sie sollte hübsch und artig sein
und einen Mann entzücken.
Und wie das so im Leben ist,
man wartet und wird wachgeküsst.

Ich pfeife auf den Königssohn,
ich schlafe nicht, ich lebe schon.
Und wer's nicht glaubt, der sollte gehen,
der wird mich nie verstehn.

Du, meine Tochter, glaube nicht,
was solche Märchen sagen.
Sieh dort im Spiegel dein Gesicht,
du musst das Leben wagen.
Geh tapfer vor und nie zurück,
vertraue dir und deinem Glück.

Und pfeife auf den Königssohn
und schlafe nicht, du lebst ja schon!
Wer das nicht glaubt, den lasse gehen,
der wird dich nie verstehn.

Jutta Richter

Die Autorin Jutta Richter hat dieses Gedicht für ihre Tochter Lena geschrieben. Kannst du dir denken, was ihr dabei am Herzen lag?

Frau Holle

Es war einmal eine Witwe, die hatte zwei Töchter. Die eine war faul und hässlich, die andere schön und fleißig. Weil die Mutter die schöne Tochter nicht mochte, musste diese oft am Brunnen sitzen und Garn spinnen. Dabei fiel ihr eines Tags die Spule in den Brunnen. Das Mädchen aber hatte große Angst vor der Stiefmutter. Deshalb sprang es in den Brunnen hinein, um die Spule zu suchen. Es landete auf einer schönen Blumenwiese. Erstaunt ging es weiter und kam an einem Backofen vorbei.

Da riefen die Brote ihr zu: „Zieh mich raus, zieh mich raus, ich bin schon lange fertig.“ Das Mädchen holte geschwind alle Brote nacheinander aus dem Backofen heraus und ging weiter.

Dann kam es an einem Apfelbaum vorbei. Der Baum rief dem Mädchen zu: „Ach schüttel mich doch, alle Äpfel sind schon lange reif!“ Und das Mädchen schüttelte und schüttelte, bis alle Äpfel herabgefallen waren.

Schließlich kam es an einem Haus vorbei, aus dem eine Frau zum Fenster herausschaute. „Ich bin Frau Holle“, sagte die Frau. „Willst du bei mir bleiben? Es soll dir auch immer gut gehen. Du musst nur immer die Betten schütteln, so dass alle Federn fliegen.“

Das Mädchen tat so und schüttelte die Betten, dass die Federn nur so flogen. Es ging ihm gut. Trotzdem hatte es aber nach einiger Zeit Heimweh. Und so bat es Frau Holle, wieder nach Hause zurückkehren zu dürfen. Frau Holle erfüllte ihm diesen Wunsch. Und weil sie so zufrieden mit dem Mädchen war, brachte Frau Holle es zu einem großen Tor. Kaum stand das Mädchen darunter, da fiel ein riesiger Goldregen auf das Mädchen …

1 Lies nach, wie das Märchen endet.

2 Gestalte einen Comic zu dem Schluss.

Wir gestalten einen Comic zu einer Geschichte

In einem Comic wird eine Geschichte
mit Bildern und kurzen Texten erzählt.
Es gibt Sprech- und Denkblasen.
Für Erklärungen und Übergänge verwendet man Erzählkästchen.

1. Überlegt, wie die Handlung verläuft.
2. Entscheidet, wie viele Szenen ihr darstellen wollt.
3. Notiert einen Überblick in Stichworten.
4. Zeichnet so viele Bildkästen, wie ihr Szenen zeichnen wollt.
5. Verabredet, wer welches Bild zeichnet.
6. Zeichnet die Comicszenen. Gestaltet die Figuren möglichst einfach.
7. Setzt in jedes Comicbild Sprech- oder Denktexte. Verwendet Geräuschwörter an passenden Stellen.

   Wenn Erklärungen nötig sind, macht diese ganz kurz. Schreibt sie an den oberen oder unteren Bildrand.
8. Vergleicht eure Comicdarstellung mit der Geschichte.

Das Nudelmärchen

Es waren einmal zwei Schwestern. Die eine, die kleinere von beiden, aß schrecklich gern Nudeln, und die andere konnte Nudeln nicht ausstehen. Die beiden gerieten sich oft in die Haare, weil sie sich nicht einigen konnten, was sie kochen sollten. Um nicht dauernd streiten zu müssen, kochte sich die Schwester, die Nudeln so liebte, manchmal heimlich ihre Nudeln.

Eines Tages saß sie wieder traurig und allein draußen am Brunnen und aß unbeobachtet ihre Nudeln. Und wie sie so aß, fiel ihr eine Nudel in die Tiefe. Das Mädchen stieg in den Brunnen hinab, um seine Nudel zu holen. Unten öffnete sich der Brunnen zu einer großen, großen Blumenwiese. Weil das Mädchen seine Nudel nicht gleich fand, lief es über die Wiese, um dort zu suchen. Es kam an einen Backofen.

„Zieh uns heraus!“, rief das Brot aus dem Ofen. „Wir sind schon lange gar.“ Das Mädchen zog behänd alle Brote heraus, lief weiter und stand bald vor einem Apfelbaum. „Rüttel mich und schüttel mich! Wir sind schon lange reif!“, rief es aus dem Baum. Während das Mädchen die Äpfel vom Baum schüttelte, dachte es an den leckeren Nudelauflauf, den man mit den Äpfeln zubereiten könnte. Doch jetzt galt es erst einmal, die verlorene Nudel zu finden.

Das Mädchen kam an ein Haus. Dort schaute eine alte Frau zum Fenster heraus. Die Frau hatte eine wahrlich hässliche Kartoffelnase. „Haben Sie vielleicht meine Nudel gesehen?“, fragte das Mädchen. „Willst du dich bei mir nützlich machen?“, fragte die alte Frau zurück. Und weil das Mädchen sehr fleißig war, ging es gleich an die Arbeit. Es schüttelte die Betten und die Kissen, dass die Federn nur so flogen und als Sternchennudeln auf die Erde schneiten.

Nachdem das Mädchen so fleißig gearbeitet hatte, führte die alte Frau es zu einem großen Tor. Hier ließ die Frau es regnen und das Mädchen wurde mit Nudeln aus purem Gold und Silber überschüttet und kam reich und glücklich nach Hause.

Als nun die andere hörte, wie es ihrer Schwester ergangen war, wollte sie natürlich auch gerne reich werden. Genau wie ihre kleine Schwester. Also aß sie missmutig einen ganzen Topf voller Nudeln, warf siebeneinhalb Pakete ungekochter Nudeln in den Brunnen und stieg hinab. Unten öffnete sich der Brunnen zu einer großen Nudelwiese und schon bald kam sie an einen Kochtopf.

„Gieß uns ab! Gieß uns ab!“, riefen die Nudeln. „Wir sind schon lange al dente!“ „Wo käme ich denn da hin? Ich bin doch keine Köchin!“, antwortete das Mädchen und lief weiter. Es kam an einen Nudelbaum.

„Rüttel mich und schüttel mich, meine Nudeln sind schon lange reif!“, rief der Baum. „Wo käme ich denn da hin!“, antwortete das Mädchen. Es könnte mir ja eine Nudel auf meine Nudel fallen.“ Und das Mädchen beeilte sich weiterzukommen.

Es kam an ein Haus, aus dem eine alte Frau mit einer wunderschönen Nudelnase herausnudelte.

„Haben Sie vielleicht meine Nudel genudelt?“, fragte das Nudelchen. „Sag, willst du dich nicht bei mir nützlich nudeln?“, fragte die alte Nudel zurück.

Natürlich machte sich das Nudelchen gleich an die Nudel, weil es doch auch so genudelt werden wollte wie seine kleine Nudel. Aber schon nach ein paar Nudeln war es vorbei mit seinem Nudel und das Nudelchen wurde immer nudeliger.

Da nahm die alte Nudel das Nudelchen an der Nudel und nudelte es zu einer großen Nudel. Hier ließ sie es nudeln, dass es nur so nudelte und das Nudelchen musste völlig benudelt nach Hause nudeln. Und wenn es nicht genudelt ist, dann nudelt es noch heute.

KNISTER

1 Warum nennt KNISTER diese Geschichte ein Märchen?

2 Vergleiche den Text mit dem Märchen von Frau Holle. Was ist gleich, was ist verschieden? S. 86

Erzählen zu einem Bild

Es waren einmal ein Schwein, ein Huhn, ein Fisch und ein Schmetterling, die waren so traurig, weil sie nicht bei den Bremer Stadtmusikanten mitspielen durften. Und so gründeten sie eine B-Mannschaft.

Erzählt das Märchen als Reihumgeschichte gemeinsam weiter. S. 91

Wir erzählen eine Reihumgeschichte

Nehmt den Anfang einer Geschichte
und macht daraus eure eigene gemeinsame Reihumerzählung.

Alle Kinder sitzen im Kreis.

1. Ein Kind hält den Erzählstein oder eine Figur in der Hand.
   Dieses Kind fängt an zu erzählen.

2. Dann bekommt das nächste Kind den Stein.
   Es hat genau zugehört
   und erzählt passend weiter.
   Das Kind kann ganz kurz erzählen
   oder den Stein weitergeben,
   wenn es nicht erzählen möchte.

3. Der Stein wird wieder weitergegeben
   an das nächste Kind.

Und so weiter,
bis alle Kinder etwas erzählt haben.

Satzglieder

MEINE	OMA	KENNT	VIELE	ALTE	MÄRCHEN	.

1 Schreibe jedes Wort und den Punkt einzeln auf eine Wortkarte.
Benutze nur Großbuchstaben.

2 Bilde möglichst viele Sätze mit den Wörtern. Lege zuerst – dann schreibe.

3 Was fällt dir auf?

4 Bilde möglichst viele verschiedene Sätze. Schreibe sie auf.

5 Kreise die Wörter ein, die zusammenbleiben.

Wörter, die beim Umstellen immer zusammenbleiben, nennt man Satzglieder.

Rotkäppchen | brachte | der Großmutter | Kuchen und Wein | .

Das fleißige Mädchen | holte | die fertigen Brote | aus dem Backofen | .

1 Jongliere selbst! Stelle die beiden Sätze mehrmals um.
Schreibe sie auf. Kreise die Satzglieder ein.

Rapunzel

2 Wähle aus jedem Kasten einen Satz aus. Notiere die Buchstaben.

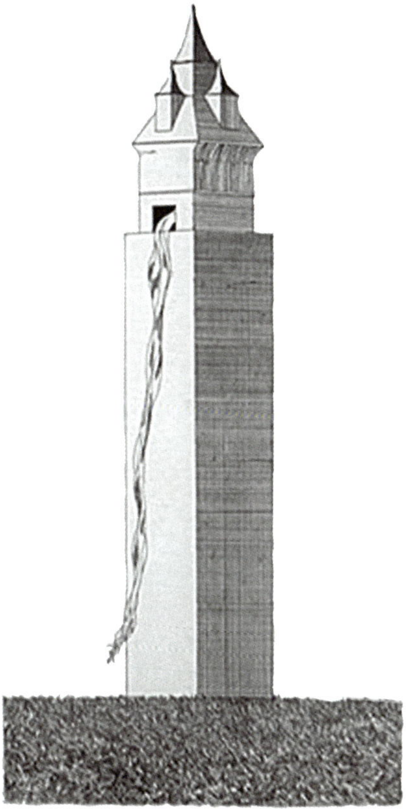

David Hockney: Rapunzel

A Heimlich hatten ein Mann und eine Frau Rapunzeln aus dem Garten einer Zauberin genommen.
B Ein Mann und eine Frau hatten aus dem Garten einer Zauberin heimlich Rapunzeln genommen.
C Rapunzeln aus dem Garten einer Zauberin hatten ein Mann und eine Frau heimlich genommen.

A Deshalb verlangte die Zauberin von ihnen ihr erstes Kind.
B Die Zauberin verlangte von ihnen deshalb ihr erstes Kind.
C Ihr erstes Kind verlangte die Zauberin deshalb von ihnen.

A Schadenfroh sperrte sie es in einen hohen Turm und nannte es Rapunzel.
B Sie sperrte es schadenfroh in einen hohen Turm und nannte es Rapunzel.
C In einen hohen Turm sperrte sie es schadenfroh und nannte es Rapunzel.

A Rapunzel saß dort nun viele Jahre einsam und verlassen.
B Einsam und verlassen saß dort nun Rapunzel viele Jahre.
C Dort saß Rapunzel nun einsam und verlassen viele Jahre.

3 Lies den Text leise im Zusammenhang.
Wenn er nicht gut klingt, stelle noch einmal um.

4 Schreibe deinen Text auf. Vergleicht eure Texte.

5 Vermute, wie die Geschichte weitergehen könnte. Das Bild hilft dir.
Lies den Text in einem Märchenbuch nach.

Adjektive mit -ig und -lich

In Märchen sind die Figuren entweder

gut	oder	böse
reich	oder	
fleißig	oder	
hässlich	oder	
ängstlich	oder	
dumm	oder	
lustig	oder	

1 Suche alle Gegensatzpaare.
gut – böse

2 Finde Märchenfiguren, die zu den Adjektiven passen.
Schreibe: *die fleißige Goldmarie, …*

3 Bilde kurze Sätze mit den Satzgliedern von Aufgabe 2.
Die Goldmarie ist fleißig.

Manche Adjektive haben als Endung **-ig** oder **-lich**.
Die Verlängerungsprobe hilft dir, richtig zu schreiben.

Was ist hier los im Märchenland?

- Die faule Goldmarie wurde mit einem Goldregen überschüttet.
- Die Geißmutter rief traurig: „Gut, dass alle meine jungen Geißlein gerettet wurden!“
- Die Prinzessin war fröhlich, weil Ihre goldene Kugel in den Brunnen gefallen war.
- Das Entlein war traurig, weil es so hübsch war.
- Das tapfere Schneiderlein kämpfte ängstlich gegen viele Gefahren.

4 Setze die passenden Adjektive ein. Schreibe die Sätze dann richtig auf.

 S. 194

Lernwörter-Training

4 Welche Lernwörter kann man in die Mehrzahl setzen?
Schreibe: *der König – die Könige*

5 Welche Lernwörter kannst du steigern?
Schreibe: *hässlich – hässlicher – am hässlichsten*

6 Suche weitere Adjektive mit -ig und -lich als Endung und verlängere.
Schreibe so:
mutig – mutiger – am mutigsten

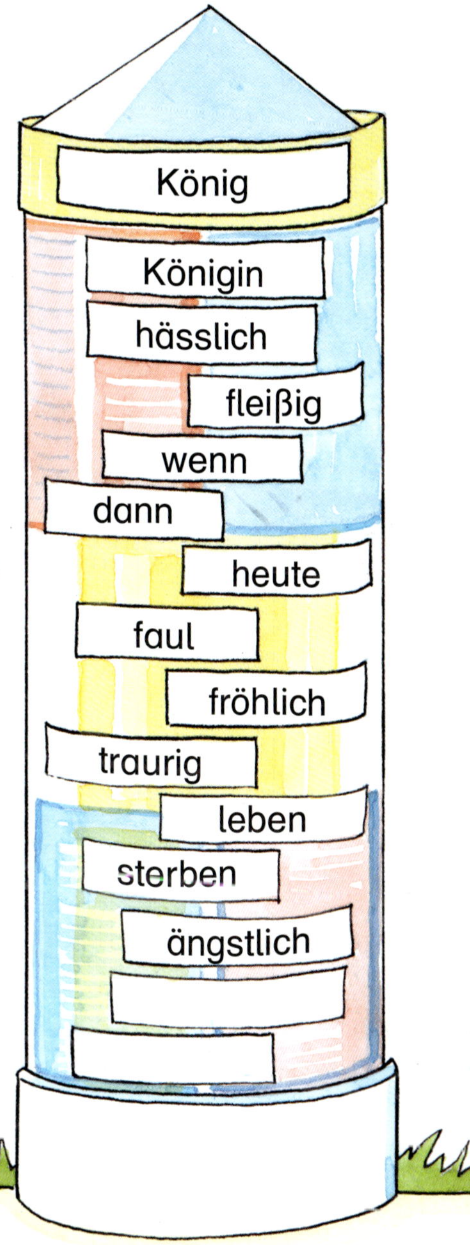

7

Wenn … dann

Wenn der Frosch
die Kugel aus dem Brunnen holt,
dann darf er
bei der Königstochter wohnen.

Wenn ich Dornröschen treffe,
dann frage ich sie,
ob ihr Prinz schon gestorben ist
oder ob er heute noch lebt.

8 Denke dir „Wenn … dann“-Sätze aus und schreibe sie auf.

9 Wo findest du gestorben in der Wörterliste?

Suche auch gemacht gesagt gesprochen gelogen

S. 186/187

S. 184

Wie sich Schmetterlinge küssen

Wie sich Schmetterlinge küssen,
will ich wissen! Will ich wissen! Will ich wissen!
Küssen sie sich denn im Fliegen,
wenn sie sich im Winde wiegen?
Oder küssen sie sich auch
auf dem Heckenrosenstrauch?

Wie sich Regenwürmer küssen,
will ich wissen! Will ich wissen! Will ich wissen!
Küssen sie sich nur bei Regen,
wenn sie sich im Matsch bewegen?
Oder küssen sie im Garten,
während sie auf Regen warten?

Wie sich Menschenkinder küssen,
musst du wirklich selber wissen!
Wo sie gehn und wo sie stehn,
kannst du Menschen küssen sehn.
Darum gib mir jetzt zum Schluss
einen dicken Menschenkuss!

Jutta Richter

Alle sind zufrieden mit mir

Die Mama ist zufrieden mit mir, wenn ich im Haushalt helfe.
Der Papa ist zufrieden mit mir, wenn ich gute Noten habe.
Der große Bruder ist zufrieden mit mir, wenn ich ihm
von meinem Taschengeld etwas abgebe.
Die kleine Schwester ist zufrieden mit mir,
wenn ich ihre Rechenübungen mache.
Die Oma ist zufrieden mit mir, wenn ich nicht fernschaue und nicht Radio höre.
Wahrscheinlich ist es sehr ungerecht von mir,
wenn *ich* mit ihnen allen *nicht* zufrieden bin!

Christine Nöstlinger

Nach einem Streit

Weißt du,
wie das ist,
traurig zu sein,
sich ganz allein
zu fühlen?
Du gibst mir
nicht einmal einen Kuss,
sagst: „Schluss,
es ist Zeit, schlafen zu gehn!"
Ich liege da
mit all meiner Wut.
Mir geht es nicht gut!

Regina Schwarz

Wen du brauchst

Einen zum Küssen und Augenzubinden,
einen zum Lustige-Streiche-Erfinden.
Einen zum Regenbogen-suchen-Gehen
und einen zum Fest-auf-dem-Boden-
Stehen,
einen zum Brüllen, zum Leisesein einen,
einen zum Lachen und einen zum Weinen.
Auf jeden Fall einen, der dich mag,
heute und morgen und jeden Tag.

Regina Schwarz

Papas Geheimnis

In dem Buch ***Papas Geheimnis*** *wird die Geschichte von Vater Paul und Sohn Paule erzählt. Vater Paul und Sohn Paule leben allein – ohne Mama. Und das klappt auch bestens. Meistens jedenfalls. Aber plötzlich beginnt Vater Paul sich anders zu verhalten: Er isst seine Brötchen ohne Butter, verzichtet beim Abendessen auf den Nachschlag und schleppt alberne Fitnessgeräte mit nach Hause. An einem Samstag sollte Paule schließlich erfahren, was Vater Paul für ein Geheimnis hatte …*

Wir stiegen in unseren alten Stinkekäfer und pütterten los. Während wir durch die Innenstadt fuhren, wischte sich mein Vater alle paar Minuten den Schweiß aus dem Gesicht. Schließlich hielten wir vor der Stadthalle. Der Parkplatz stand voller Autos. Also doch ein Konzert, dachte ich. Aber was wollte er dort mit seiner Sporttasche? Er stellte den Motor ab. „Wir beide müssen jetzt sehr tapfer sein“, sagte er und legte mir seinen Arm um die Schulter. Ich verstand nur Bahnhof. „Tapfer?“, fragte ich. Er zeigte auf das bunte Plakat, das gleich neben uns an einem Lichtmast hing. „MISTER-WAHL“ stand drauf, den Rest konnte ich nicht entziffern. „Das ist ein Wettbewerb, bei dem der schönste Mann der Stadt gewählt wird“, erklärte Paul. Ich schaute auf die Sporttasche, dachte an die Liegestütze und den Bullworker – und jetzt endlich fiel bei mir der Groschen. „Du … du … du …“, stotterte ich. „Du willst da doch nicht etwa mitmachen?“ Er sah mich mit einem Blick wie ein kranker Dackel an und nickte. Das durfte einfach nicht wahr sein, Paul nickte! „Am liebsten würde ich umkehren“, sagte er mit zittriger Stimme. Ich dachte an den Asterix-Film, den wir vielleicht doch noch sehen konnten, und sagte: „Worauf warten wir? Gib Gas, Paul!“ Aber er schüttelte den Kopf. „Es geht nicht“, sagte er. „Ich hab bei uns in der Firma mit einem Kollegen gewettet.

Leider hab ich verloren. Und jetzt muss ich an dem Wettbewerb teilnehmen.“ An dem Wettbewerb nahmen zwanzig Männer teil. Paul kam als Vierter auf die Bühne. Er trug nichts als seine Turnhose mit der amerikanischen Flagge drauf und sah einfach umwerfend aus. Das Publikum im Saal war begeistert. Ich hörte sogar „Paul!-Paul!-Paul!“-Rufe. Wahrscheinlich waren das die Kollegen meines Vaters. Zuerst machte Paul locker zehn Liegestütze, klatschte beim letzten sogar in die Hände. Dann zeigte er seine Arm- und Beinmuskeln und hob eine schwere Kiste auf ein Podest. Zum Schluss tanzte er mit der Ansagerin einen astreinen Rock ’n’ Roll über die Bühne. Mit Überschlag und allen Schikanen. Mensch, ich hatte gar nicht gewusst, dass mein Vater so was konnte. Leider wurde Paul nur Siebter, ein Typ mit einem winzigen Höschen und Muskeln bis zum Kinn machte das Rennen. Aber mein Vater schien nicht traurig darüber zu sein. Bei der Verabschiedung aller Teilnehmer winkte er mir lachend zu. Er war der Schönste, die Kampfrichter hatten keine Ahnung. „Und jetzt gehen wir Pizza essen“, sagte Paul, als wir wieder im Auto saßen. Seine Kollegen hatten ihn mit in eine Kneipe nehmen wollen, doch er hatte abgelehnt. „Eine Pizza Gigante für mich und eine Pizza Tonno für dich, Paule. Einverstanden?“ Ich nickte. „Wenn du mehr Zeit zum Trainieren gehabt hättest, hättest du gewonnen“, sagte ich. „Ach, was soll’s“, sagte Paul. „Ich bin froh, dass es vorbei ist. Gesund leben kann verdammt anstrengend sein.“

Jürgen Banscherus

Ab ins Bett!

Kinder dürfen nie was.
Und Erwachsene dürfen alles.
Vor allem dürfen sie abends viel länger aufbleiben.
Die Eltern von Philip und Tanja sind genauso.
Jeden Abend heißt es: „Und jetzt aber ab ins Bett!“
Dabei sind Philip und Tanja meistens gar nicht müde.
„Mir reicht's!“, sagt Tanja. „Ich mach da nicht mehr mit!“
Sie hat Mamas großen Federhut auf den Kopf gesetzt.
„Was hast du vor?“, fragt Philip.
Aber Tanja sagt nichts.
Sie hängt ihm einfach eine von Papas Krawatten um den Hals.
Dann zieht sie Mamas Blumenkleid und die Stöckelschuhe an
und setzt die Sonnenbrille auf.
Philip hat endlich verstanden.
Unauffällig verschwindet er in Papas Kleiderschrank.
Als er wieder herauskommt,
sieht er fast aus wie ein richtiger Vater.
„Madame, ich bin bereit“, sagt er zu Tanja.
Sie hakt ihren Arm in seinen.
So schreiten sie zum Wohnzimmer.
Dort sitzen Mama und Papa und gucken Nachrichten.
Als Tanja und Philip reinkommen, sind sie fassungslos.
„Seid ihr verrückt geworden?“, ruft Papa.
Und Mama schreit: „Mein Hut!“
Philip und Tanja sagen nur eins: „Jetzt aber ab ins Bett!“
Und sie sind sehr streng dabei.
Mama und Papa maulen ein bisschen.
Aber dann machen sie den Fernseher aus
und gehen ins Bett.
Später gucken Tanja und Philip nach,
ob sie das Licht ausgemacht haben.
Mama und Papa liegen brav im Bett.
Tanja und Philip stehen in ihren Kostümen vor ihnen.
Das sieht so komisch aus, dass alle vier lachen müssen.

Milena Baisch

Was Geschwister noch alles so erleben – davon kannst du hier mehr lesen.

1 Was tun Tanja und Philip?

2 Warum machen sie das?

Zwei dicke Freunde

Nele und Opa spielen Karten.
Dazu essen sie Kekse und trinken Kakao.
Nele und Opa trinken Kakao aus den guten Tassen mit Blümchen.
Oma hat gesagt: „Nehmt lieber die alten Becher!“
Doch Nele und Opa wollten unbedingt die guten Tassen mit Blümchen.
„Dann passt aber auf!“, hat Oma gesagt.
Jetzt spielen Nele und Opa das dritte Spiel.
Opa hat schon zwei Mal gewonnen.
Aber diesmal gewinnt Nele.
Sie jubelt vor Freude.
Sie wirft die Arme hoch und reckt die Fäuste.
„Gewonnen! Gewonnen!“, ruft Nele.
Auweia!
Mit einer Hand stößt sie ihre Tasse vom Tisch.
Bums! Schepper! Klirr!
Die gute Tasse mit Blümchen ist nur noch ein Häufchen Scherben.
Nele wird blass.
Sie schaut Opa an.
Opa sagt nichts.
Oma hat etwas gehört.
Sie stürzt herein.
Sie sieht die Scherben und holt tief Luft.
Da sagt Opa schnell:
„Ich bin ein Schussel.
Tut mir Leid, was mir da passiert ist.“
Nele öffnet den Mund.
Doch Opa zwinkert ihr zu.
Oma seufzt.
Sie schaut von einem zum anderen.
Lächelt sie etwa?
Na, jedenfalls sagt sie: „Zwei so dicke Freunde halten zusammen.
Das ist doch klar.“

Ingrid Uebe/Doris Rübel

1 Was passiert Nele?

2 Warum nimmt Opa die Schuld auf sich?

So ein Angeber

So wahr ich Kathrin heiße: Die Bande, die ich mit meinen Freunden gegründet habe, ist die tollste der ganzen Stadt. Neulich gingen wir zusammen zum Spielplatz. Den fremden Jungen auf dem Klettergerüst entdeckte ich zuerst. Er winkte albern von oben herab. „Hallo!" Misstrauisch schauten meine Freunde und ich nach oben. Wer zum Teufel war das? Und was wollte er hier? Der Junge rief: „Kommt doch hoch. Der Ausblick ist toll."

Als ob ich das nicht gewusst hätte.

Der Junge rief überheblich: „Oder traut ihr euch nicht?" Ich flüsterte Frank ins Ohr: „Der sieht aus wie Mr. Spock, mit seinen Segelfliegerohren." Wir kicherten beide. „Schaut mal, was ich kann!", tönte es jetzt von oben. Langsam richtete der Junge sich auf und stand freihändig auf der obersten schmalen Stange. Plötzlich verlor er die Balance, ruderte wild mit den Armen und plumpste vom Gerüst. Immerhin fiel er weich in den tiefen Sand. Mir reichte es. Ich winkte meinen Freunden: „Lasst uns abhauen." Auf dem Weg zu unseren Rädern schüttelte Dennis den Kopf. „So ein Angeber!"

Am nächsten Tag brachte unser Klassenlehrer einen neuen Schüler in unsere Klasse. Der Junge schaute schüchtern zu Boden. Herr Hanke stellte den Neuen vor. Er hieß Kai. Ich staunte nicht schlecht, als ich ihn erkannte. „Das ist doch der Angeber vom Spielplatz!", flüsterte ich Selma zu. Herr Hanke schob den Jungen ausgerechnet auf den freien Platz neben mir. Als Kai zum Tisch kam, funkelte ich ihn finster an. Dann hörte ich die Worte des Lehrers: „Kai und Kathrin, ihr werdet euch sicher gut verstehen."

Gerit Kopietz

Ein echter Held

Ich saß ganz oben auf der Spitze des großen Klettergerüstes. Zuerst hatte ich mich nicht so hoch getraut. Denn eigentlich bin ich gar kein mutiger Typ. Doch von da oben hatte ich einen tollen Ausblick. Ich kannte mich hier noch nicht aus. Wir wohnten nämlich erst ein paar Tage in diesem Kaff. Weit entfernt von Köln und all meinen Freunden dort. Hier kannte ich niemanden. Plötzlich kamen einige Kinder auf den Spielplatz. Ich winkte: „Hallo!“ Die Kinder sagten nichts. Sie musterten mich nur misstrauisch. Ich beschloss, es auf die freundliche Tour zu versuchen: „Kommt doch hoch. Der Ausblick ist toll.“

Niemand kletterte auf das Gerüst. Alle starrten mich nur an. Als käme ich vom Mars. Langsam wurde ich sauer. Also rief ich: „Oder traut ihr euch nicht?“ Das Mädchen flüsterte einem Jungen etwas ins Ohr. Beide kicherten. Was für eingebildete Lackaffen! Denen wollte ich es zeigen. Ich rief von oben herab: „Schaut mal, was ich kann!“ Langsam richtete ich mich auf und stand freihändig auf der obersten schmalen Stange. Ich beugte mich vor. Dabei verlor ich die Balance, ruderte wild mit den Armen und plumpste vom Gerüst. Zum Glück fiel ich weich in den tiefen Sand. Als ich mich wieder aufgerappelt hatte, stiegen die Kinder gerade wieder auf ihre Räder. Na, auf die konnte ich auch getrost verzichten.

Am nächsten Tag hatte ich meinen ersten Schultag in der neuen Schule. Der Klassenlehrer nahm mich in meine neue Klasse mit. Er schob mich auf einen freien Platz. Neben einem Mädchen. Als ich ihr ins Gesicht sah, erschrak ich. Es war das Mädchen vom Spielplatz! Wie im Nebel hörte ich die Worte des Lehrers: „Kai und Kathrin, ihr werdet euch sicher gut verstehen.“

Jörg Sommer

1 Vergleicht beide Texte.
Was denkt Kathrin?
Was denkt Kai?
Belegt eure Antworten am Text.

2 Wähle einen Text aus und schreibe die Geschichte weiter.

3 Eine Situation, aber unterschiedliche Sichtweisen.
Woran liegt das?

Warum ist Timo so unbeliebt?

Timo, so sagen manche, hat eine Klappe so groß wie ein Briefkasten. Aber wie einer, in den Pakete reinpassen. Timo weiß alles besser. Er war schon immer überall. Er kennt jeden und alles. Er trägt die coolsten Klamotten. Er rennt am schnellsten und springt am höchsten. Er fährt das Fahrrad mit den meisten Gängen. Er hat alles schon vorher gewusst, früher gesehen, besser gekannt als andere. Er macht keinen Fehler. Wenn einer einen Witz erzählt, unterbricht er ihn und erzählt den Schluss, weil er den besser weiß. Kurz gesagt: Er ist der tollste Typ, den du dir vorstellen kannst. Er hat nur ein Problem: Keiner mag ihn. Das wurmt Timo sehr. Er kann sich auch nicht erklären, warum das so ist. Denn er findet sich selbst unheimlich gut. Schließlich hat er sich das lange genug eingeredet. Timo überlegt, wie er sich bei seinen Mitschülern beliebt machen kann …

Am nächsten Tag bringt Timo Musikkassetten mit. Eine davon steckt er Michel zu. „Für dich!“, flüstert Timo. „Die neuesten affenschrillen Hits. Darfst es aber nicht den anderen sagen! Sonst wollen die auch welche …“ „Geschenkt?“, fragt Michel verwundert. „Na klar“, sagt Timo. „Für umsonst?“, fragt Michel. „Logo“, sagt Timo. „Bist du dann mein Freund?“ „Also doch nicht umsonst“, sagt Michel. „Aber Freundschaft kann man nicht kaufen.“ Er legt Timo die Kassette wieder hin. „Du bist doof. Das hab ich gleich gewusst“, sagt Timo achselzuckend, als er die Kassette wieder einsteckt. „Das ist ja das Problem: dass du immer alles weißt, alles kannst, alles bestimmst, alles ahnst und alles hast …“, sagt Michel. „Wieso? Äh – das versteh ich jetzt nicht …“, sagt Timo und sieht Michel mit großen Augen an. In diesem Augenblick klingelt es. „Ich erklär es dir später“, sagt Michel.

Ursula Scheffler

1 Spielt die Geschichte mit einem eigenen Ende vor.

2 Vergleicht eure Ergebnisse.

Wir spielen eine Geschichte vor

1. Jedes Kind liest den Text still für sich.
Wer fertig ist, überlegt, wie man die Geschichte vorspielen kann.

Wo spielt die Geschichte? Wer spielt mit? Was passiert?

	Wo?	Wer?	Was?
1. Szene			
2. Szene			
3. Szene			
4. Szene			

2. Entscheidet, wer welche Rolle spielt.

3. Spielt die Geschichte aus dem Gedächtnis.
Sprecht mit eigenen Worten.

4. Überprüft:
Stimmt die Handlung, wie sie vorgespielt wurde?

5. Wenn das Ende der Geschichte fehlt,
entwickelt im Spiel ein passendes Ende.

6. Vergleicht die verschiedenen Möglichkeiten,
die vorgespielt wurden.

Sucht selbst einen Text aus, den ihr ohne Ende vorspielt.
Eine andere Gruppe spielt dann eure Geschichte zu Ende.

Pausenliebe

Frank liebt Anne …
In der Pause,
Plötzlich, als er Anne sieht,
Weiß er nicht, wie ihm geschieht:
Heimlich im Vorübergehn
Lässt er sich ein Lächeln stehn …
Anne streicht ihr Haar zurück,
Schenkt ihm einen Augenblick.
Später an der Haltestelle
Stupst ihn Anne blitzeschnelle
Heimlich im Vorübergehn
Grade so – wie aus Versehn …
„Aua!“ – denkt sich Frank im Bus –
„Autsch, das war ja fast ein Kuss!“
Und er freut sich, kaum zu Hause,
Auf die nächste große Pause …

Michail Krausnick

1. Wie heißen die beiden Kinder?
2. Worüber freut sich der Junge?
3. Was tut das Mädchen?
4. Wo begegnen sich die Kinder?
5. Warum freut sich der Junge auf die nächste große Pause?
6. Was ist mit „Pausenliebe“ gemeint?
7. Kennst du ähnliche Gefühle?

Tobias und Ines unterm Regenschirm

Am Nachmittag regnet es. Tobias freut sich. Er hüpft von einer Pfütze in die andere. Als er genug hat, läuft er nach Hause. Vor dem Haus sitzt Ines auf der kleinen grauen Mauer. Unter einem Regenschirm. „Was machst du denn hier?“, fragt Tobias. „Ich probiere meinen Schirm aus“, sagt Ines, „den hat mir mein Papa geschenkt.“ Tobias fragt, ob er mit ausprobieren darf. Er darf. Der Schirm ist rot mit blauen Tupfen. „Das ist aber ein sehr lustiger Regenschirm“, sagt Tobias. Ines gefällt er auch. Am besten gefällt ihr das Eichhörnchen. Die Krücke von dem Schirm ist ein Eichhörnchen, aus Holz. „Ich kann Eichhörnchen gut leiden“, sagt Ines. „Ich auch“, sagt Tobias. Aber er kennt jemanden, den kann er noch besser leiden. „So? Wen denn?“ Das verrät Tobias nicht. Weil das sein Geheimnis ist. „Verrätst du mir dein Geheimnis?“ „Ne“, sagt Tobias. Das verrät er nicht: Nie verrät er das. „Dann darfst du auch nicht mehr meinen Schirm ausprobieren.“ Ines rutscht von ihm weg. Tobias bleibt erst sitzen: Dann rutscht er hinter Ines her. Vielleicht, vielleicht sagt er es doch. Also, wen kann er gut leiden? „Dich!“, sagt Tobias. Und tippt mit dem Zeigefinger auf Ines. „Mich?“, fragt Ines. „Ja!“. Tobias nickt. „Warum kannst du mich gut leiden?“, fragt Ines. „Weil du so gut riechst, nach Salz und Meer.“ Ines ist doch vor vier Jahren aus Spanien gekommen. Tobias hat im letzten Sommer Ferien in Spanien gemacht. Am Meer. Bei den Möwen. Das war sehr schön. Immer wenn Tobias die Ines sieht, denkt er ans Meer. Ines fängt einen Regentropfen mit der Hand auf und sagt, dass in Spanien jetzt bestimmt die Sonne scheint. „Fährst du in diesem Jahr in den Ferien nach Spanien?“, fragt Tobias. „Nein“, sagt Ines. „Wir haben kein Geld.“ Wenn Ines will, kann sie mit Tobias fahren. „Mit dir?“ „Ja, ich fahre oft nach Spanien. Mit dem Schiff.“ Das baut Tobias sich in seinem Zimmer aus Matratzen. Sie können gleich losfahren. Das Schiff ist schon fertig. Weil Tobias heute Nachmittag nach Madagaskar wollte. Aber mit Ines fährt er natürlich nach Spanien. Ines hopst von der Mauer. Rennt über die grauen Steinplatten ins Nachbarhaus. „Wo willst du denn hin?“ „Mutter fragen, ob ich mit dir nach Spanien darf!“ Sie dreht sich um und lacht.

Ursula Fuchs

1 Wen kann Tobias gut leiden? Warum?

2 Wie sieht der Schirm von Ines aus?

3 Aus welchem Land kam Ines vor vier Jahren?

4 Woraus baut Tobias sein Schiff?

Streitgeschichten

Das sollte in Streitgeschichten stehen:

Wer streitet? **Worum geht es?** **Wie endet der Streit?**

1 Lies die Texte der Kinder und überprüfe, ob an diese Punkte gedacht wurde.

Der Schwalbenhabicht

Manuel hat heute bei Julia geschlafen. Er hat nicht gut geschlafen und ist sehr streitsüchtig. Auf dem Schulweg sehen sie einen Vogel hoch über ihren Köpfen.
„Sieh mal, der Habicht!", ruft Julia, die Tochter des Försters.
„Das ist eine Schwalbe", antwortet Manuel mürrisch.
„Meinetwegen kann es in deinen Augen eine Giraffe sein, du Blödhammel!", schimpft Julia.

Und Manuel und Julia streiten sich sehr lange. Manuel: „Ich sagte, es ist eine Schwalbe, du Idiot!" Julia: „Und ich sage, es ist ein Habicht, du Eumel."
Und schließlich schubst Manuel Julia. Sie schubst zurück und beide rutschen aus und fallen in den Matsch. Und alles nur wegen dem Schwalbenhabicht.

Karin

Geschwisterstreit

Dennis und sein jüngerer Bruder Sascha streiten sich andauernd. Zum Beispiel gestern. Sascha hat sein Taschengeld schon aufgebraucht für Gummibärchen.
Gestern kaufte sich Dennis einen Schokoriegel. Sascha möchte ein Stück davon haben, obwohl er kein einziges Gummibärchen abgegeben hatte. Dennis ist sauer.
Er möchte Sascha nichts geben. Sofort läuft Sascha zur Mutter.
Die sagt Dennis, er solle Sascha ein Stück geben.
Als Dennis sagt, dass Sascha ihm auch keine Gummibärchen gegeben hat, sagt Mutter, er könnte doch fragen. Doch als Dennis sagt, er hätte gefragt, sagt Mutter: „Gib es ihm trotzdem."

Als Mutter gegangen ist, gibt Dennis ihm widerwillig ein Stück vom Schokoriegel. „Petze", sagt er. Auch das muss Sascha petzen.
Später musste Dennis den halben Schokoriegel Sascha opfern.

Sven

2 Überlegt bei jeder Geschichte, ob ihr euch den Streit gut vorstellen könnt. Woran liegt das?

Wir schreiben einen Erzähltext

1. Wählt ein Thema, zu dem ihr eine Geschichte schreiben wollt. Überlegt, an welche wichtigen Punkte ihr denken müsst.

Streitgeschichten

	Wer streitet?	Worum geht es?	Wie endet der Streit?
Beispiel:	Jana Paul	Jana hat Pauls Federtasche heruntergerissen.	Sie sprechen nicht mehr miteinander.

2. Jedes Kind überlegt sich, ob es über ein eigenes oder ein erfundenes Erlebnis schreiben möchte.

3. Wenn der Text fertig ist, setzt jedes Kind seine eigene Überschrift.

4. Jedes Kind liest seinen Text noch einmal langsam durch.
- Ist der Text verständlich?
- Muss etwas ergänzt werden?
- Muss ein Satz umgestellt oder berichtigt werden?
- Finden sich die wichtigen Punkte wieder?

5. Lest euch eure Texte gegenseitig vor. Sprecht über jeden Text und überlegt, ob sich die wichtigen Punkte wiederfinden. Jedes Kind bekommt gesagt, was an seinem Text besonders gelungen ist.

6. Die Rechtschreibung muss korrigiert werden, bevor der Text veröffentlicht wird. Manchmal findet man die Fehler am nächsten Tag viel besser.

Die wörtliche Rede

1 Lest die Sprechblasen mit verteilten Rollen.

Anna sagt: „In der Pause spiele ich am liebsten Tischtennis.“

↓ ↓

Begleitsatz: „Wörtliche Rede.“

2 Schreibe auf, was die Kinder sagen.
Unterstreiche den Begleitsatz und die wörtliche Rede.

Anna sagt: „Kommt. Wir spielen Tischtennis.“

Steht der Begleitsatz vor der wörtlichen Rede, folgt ein Doppelpunkt **:**.
Anfang und Ende der wörtlichen Rede sind durch Redezeichen **„…“** gekennzeichnet.

1 Setze die richtigen Redezeichen ein.

Lisas Geheimnis

Lisa und Lukas sind Geschwister.
Eines Tages fragte Lisa ihren kleinen Bruder
Möchtest du, dass ich dir mein größtes Geheimnis verrate?
Lukas nickte eifrig und sagte Ja, klar. Ich liebe Geheimnisse.
Lisa bohrte nach Möchtest du es wirklich wissen?
Lukas rief Ja!
Aber plötzlich drehte Lisa sich um und sagte
Ich glaube, ich werde es dir lieber nicht verraten.
Enttäuscht fragte Lukas Warum?
Lisa antwortete Weil du es mir nicht glauben wirst.
Kein Mensch in der Welt wird es mir glauben.
Lukas rief Aber Lisa, ich werde dir glauben, das verspreche ich.

So erzählte Lisa …

2 Unterstreiche den Begleitsatz und die wörtliche Rede in verschiedenen Farben.

Annika flüstert Wer ist deine beste Freundin?

Ich habe ein Geheimnis. Tobias behauptet

Elena fragt Ich teile meine Geheimnisse nur mit meinem besten Freund.

3 Was gehört zusammen?
Schreibe die Sätze.
Ergänze die Redezeichen.

4 Unterstreiche den Begleitsatz und die wörtliche Rede in verschiedenen Farben.

S. 197

Doppelte Mitlaute

1 Sprich die Wörter deutlich mit. Achte auf die unterstrichenen Selbstlaute.
Was fällt dir bei jedem Wortpaar auf?

2 Schreibe die Wörter mit einem kurzen Selbstlaut auf.
Markiere den kurzen Selbstlaut und den doppelten Mitlaut.
die Betten, …

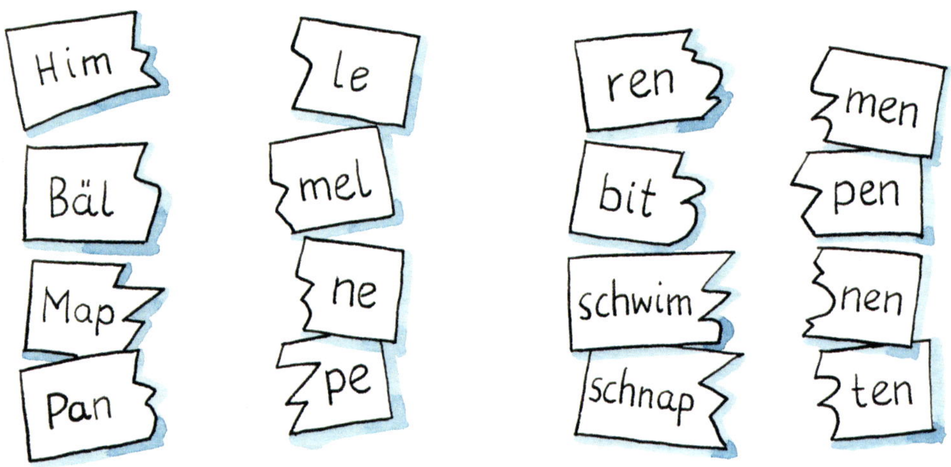

3 Schreibe die Wörter auf.
die Bäl – le, die Bälle

4 Schreibe die Reimwörter auf.
Markiere den kurzen Selbstlaut und den doppelten Mitlaut.

Scholle
R___
W___

Kette
W___

Mutter
B___

Rille
W___

Mitte
B___

S. 200

Lernwörter-Training

1 

2 

3 

4 Ordne die Lernwörter nach dem Abc.

5 Schreibe die Wörter mit einem doppelten Mitlaut auf.

6 Suche dir Lernwörter aus.
Bilde Unsinnsätze oder schreibe einen kurzen Text.

7 Schreibe mit einigen Lernwörtern einen Satz in wörtlicher Rede.

8 Setze die richtigen Redezeichen ein.

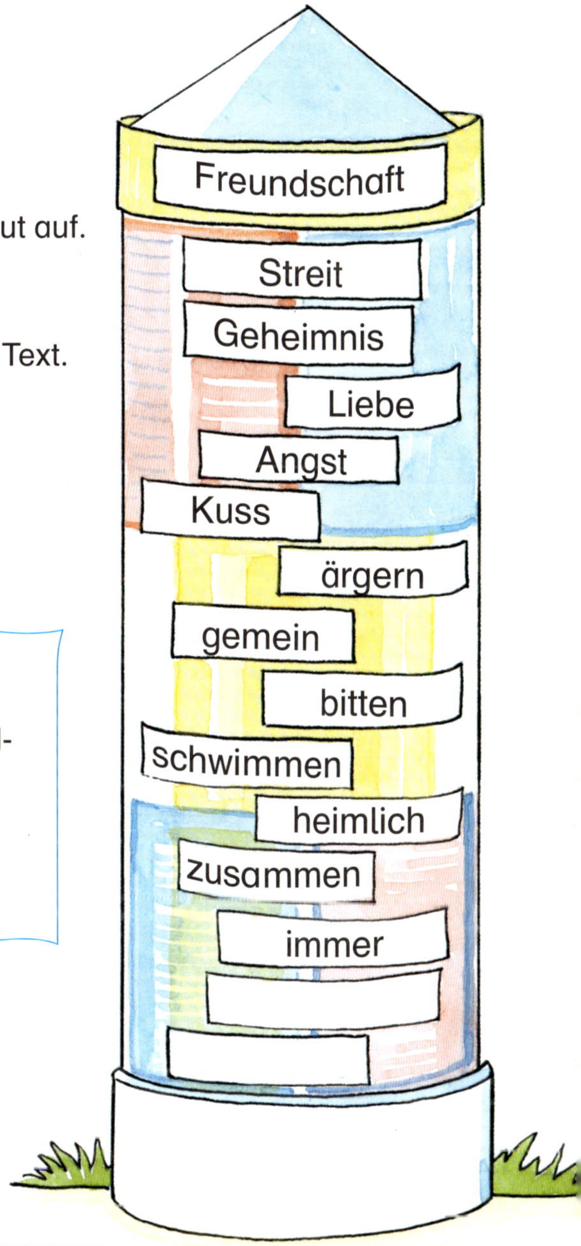

Streit

Tim ist sauer auf Lena. Er schreit Unsere Freundschaft ist hiermit beendet! Lena schreit zurück Das ist mir nur recht, du bist ein Angeber! Tim antwortet Und du hast immer nur Geheimnisse.

Freundschaft

Tim und Lena sind zusammen am Baggersee. Lena fragt Wollen wir nachher noch ein Eis essen gehen? Tim ruft begeistert Das ist eine gute Idee. Er fragt Lena Wollen wir morgen wieder schwimmen gehen? Lena meint Na klar, wenn das Wetter mitspielt.

Im Garten der Natur

Wind und Gras

Ich sitze mit nackten Beinen
in einer Wiese.
Ein leichter Wind
streichelt die Gräser,
die Gräser streicheln mich.

Alles ist still.
Auf der Wiese ist niemand.
Nur ich.
Nur ich und das Gras
und der Wind.

Georg Bydlinski

Die Einladung

Sommer im Garten. Unter dem Birnbaum blinkten die Insekten. Sie summten, ich summte mit. Ich stützte eine Malve mit einem Stecken, zupfte etwas Unkraut, tat dies und das und zwischendurch nichts.
Da sprach eine Biene mich an. Heute hat unsere Königin Hochzeit, sagte sie. Wir suchen einen Brautführer, mein Volk und ich. Nun ist die Wahl auf dich gefallen.
Ich rieb mir die trockenen Erdkrusten von den Fingern.
Danke, sagte ich. Und was soll ich anziehen?
Flügel, sagte die Biene.

Jörg Schubiger

Fragen über Fragen

Trägt die Schleiereule einen Schleier?
Trägt die Pantoffelblume Pantoffeln?
Besteht der Eisvogel aus Eis?
Besteht die Holzwespe aus Holz?
Hat das Fingerkraut Finger?
at der Hornstrauch Hörner?

Die Made

Hinter eines Baumes Rinde
wohnt die Made mit dem Kinde.

Sie ist Witwe, denn der Gatte,
den sie hatte, fiel vom Blatte.
Diente so auf diese Weise
einer Ameise zur Speise.

Eines Morgens sprach die Made:
„Liebes Kind, ich sehe grade,
drüben gibt es frischen Kohl,
den ich hol. So leb denn wohl!
Halt, noch eins! Denk, was geschah,
geh nicht aus, denk an Papa!“

Also sprach sie und entwich. –
Made junior aber schlich
hinterdrein; und das war schlecht!
Denn schon kam ein bunter Specht
und verschlang die kleine fade
Made ohne Gnade. Schade!

Hinter eines Baumes Rinde
ruft die Made nach dem Kinde …

Heinz Erhard

Mein Garten

Ein Platz zum Toben,
Sichverstecken
hinter Bäumen,
Sträuchern, Hecken.
Ein Platz für Vögel,
ein Zwitschern und Singen.
Aus Nestern
Vogelstimmen dringen.
Ein fröhlich Getummel
und Hummelgebrummel!

Welch Rosenduft
liegt in der Luft!
Ein Meer von Farben
dort im Beet.
Ein leichter Wind
darüber weht.
Und eine Schaukel
auf dem Rasen.
Pusteblumen,
Seifenblasen.

Manch Brennnessel auch
unter dem Strauch.
Schmetterlinge,
unermüdlich,
tun am Nektar
gern sich gütlich.
Sind plötzlich fort
am andern Ort –
fliegen durch meinen Garten.

Bärbel Klein

Paul Klee: Tor zum verlassenen Garten

MANCHMAL, wenn ich im Garten liege
und langsam ziehen die Wolken dahin,
fühle ich deutlich, wie ich fliege.
Ich glaube, dass ich ein Vogel bin.

Franz Wittkamp

Der seltsame Zweig

Sie klammert sich mit den Hinterbeinen fest an den Ast. Dann richtet sie den Leib starr auf und streckt ihn aus. So sieht sie wie ein kleiner brauner Zweig aus. Die Raupe ist ein Zweig geworden, ein braunes Ästchen. Die kleine Meise guckt. Sie wartet. Nichts rührt sich. Die kleine Raupe bleibt starr und steif.

Die Meise schilpt, schließlich fliegt sie davon. Zweige! Nein, das ist kein gutes Futter. Zweige sind viel zu hart.
Die kleine Raupe rollt sich wieder zusammen und kriecht weiter den Ast hinauf. Sie will ein Schmetterling werden. Und sie kann gut Theater spielen. Eine schlaue kleine Raupe.

Die kleine Meise wundert sich. Sie hat scharfe Augen. Saß da nicht eben eine Raupe im Birnbaum? Kroch langsam den Zweig hinauf? Natürlich, die kleine Meise hat es genau gesehen.
Aber auch die kleine Spannerraupe hat die Meise gesehen. Die kleine dicke Raupe will einmal ein Schmetterling werden. Sie hat noch viel vor. Sie muss noch sehr wachsen. Die Meise darf sie nicht verschlucken. Gefahr! Die kleine Raupe spürt es sofort.

Lisa-Marie Blum

1 Überlege, wie die Reihenfolge der Textteile sein muss.

2 Begründe deine Meinung.

Wir setzen einen Text richtig zusammen

Ein Partnerspiel

1. Sucht einen Text aus, der aus mehreren Teilen besteht.
Zum Beispiel ein Gedicht mit mehreren Strophen.
Oder einen kurzen Text mit wenigen Sätzen oder Abschnitten.

2. Kopiert den Text.
Schneidet die einzelnen Teile auseinander
und klebt sie in der falschen Reihenfolge
auf ein neues Blatt.

3. Tauscht die kopierten Blätter mit zwei anderen Kindern.
Jedes Kind liest für sich.
Beide Kinder beraten,
wie der Text richtig zusammengehört.
Begründet eure Entscheidungen.

4. Vergleicht eure Lösung mit dem Originaltext.
Falls ihr euren Text nicht richtig zusammengesetzt habt,
sucht euren Denkfehler.

Aussteiger

Was verstehst du unter dem Wort **Puppen**?
Welche Bedeutung hat es hier?

Nesseln wachsen in dem Garten, von dem hier die Rede ist. Brennnesseln. Brennnesseln sind Unkraut!, sagen die Leute. Brennnesseln gehören in keinen Garten. Brennnesseln sind schön!, sagt die Frau, die Brennnesseln in ihrem Garten wachsen lässt. Die Blätter sind schön, die Blüten, der schlanke biegsame Stiel, alles ist schön. Hässliche schwarze Raupen kriechen auf deinen Brennnesseln umher, sagen die Leute. Hol die Giftspritze! Ich spritze kein Gift!, sagt die Frau. Wenn der Wind deine Brennnesselsamen in unsere Gärten weht, benachrichtigen wir die Polizei, sagen die Leute. Wir wollen keine Brennnesseln und keine hässlichen schwarzen Raupen. Schwarz sind sie zwar, überlegt die Frau, aber ich sehe weiße Pünktchen auf der schwarzen Haut. Woran erinnern mich diese Pünktchen? Brennnesselblätter schmecken süß. Die schwarzen Raupen essen und essen und essen. Die Haut wird ihnen eng. Sie lassen ihre Haut platzen. Darunter ist eine neue Haut, weiter als die vorherige. Mehrmals häuten sich die Raupen. Und jedes Mal sind auf der neuen schwarzen Haut auch weiße Pünktchen. Bis die weißen Pünktchen sich in goldene verwandeln. Bis Grau aus dem Schwarz wird. Bis die Raupen aufhören zu kriechen. Bis alles sich verwandelt hat. Seltsam geformte Körper hängen regungslos in den Zweigen. Aschgrau mit goldenen Pünktchen. Puppen!, sagt die Frau und lächelt. Tag für Tag hängen sie so. Leblos nach außen. Ohne Sicht nach innen. Dann kommt der Augenblick, in dem sie sich öffnen. Einer steigt aus. Hat es eng gehabt, das sieht man. Langsam entfaltet er sich. Breitet Flügel aus, voll leuchtender Farben. Rot. Blau. Braun. Golden. Legt die Flügelspitzen aneinander, streckt die Fühler. Verharrt Sekunden regungslos. Und fliegt dann auf mit weit offenen Flügeln. Ein Schmetterling. Ein Pfauenauge. Und was sagen die Leute? Das stimmt ja gar nicht, was sie in der Zeitung schreiben, dass die Pfauenaugen aussterben. Da fliegen ja welche.

Irmela Wendt

Eine Schmetterlingsgeschichte

Die Kinder spielen Verstecken.
Sie haben sich hinter der Tanne versteckt.
Ganz still sitzen sie.
Nur das Summen der Bienen ist zu hören.
Die Sonne scheint warm durch die Äste.
Von weitem ruft ein Kuckuck dreimal:
Kuckuck, kuckuck, kuckuck –
Eine Krähe schreit: Kra – kra –
„Guck mal!“, flüstert Gisela.
„Was klebt da für ein komisches braunes Ding am Ast!“
„Zeig mal!“, sagt Holger leise.
„Das ist eine Schmetterlingspuppe.
Die hat mir mein Vater schon mal in einem Buch gezeigt.“
„Ist da ein Schmetterling drin?“, fragt Gisela erstaunt.
„Wie soll der da bloß reinpassen!“
Die Sonnenstrahlen scheinen ganz warm
auf die längliche braune Schmetterlingspuppe.
Da – sie bewegt sich!
„Du!“, ruft Gisela. „Das Ding geht auf!“
Ganz schmal zusammengefaltet kriecht
ein gelber Schmetterling heraus.
Die Flügel zittern. Er klappt sie auf und zu.
Die Flügel sind ganz zart und haben feine Adern.
Ein Windzug streicht durch die Äste.
Da flattert der Schmetterling davon.

Barbara Cratzius

1 Worüber wundert sich Gisela?

2 Was erfährt sie über Schmetterlinge?
Findet Textstellen dazu.

Was ist eine Wiese?

Was ist eine Wiese?
Futter für die Kuh.
Und noch was dazu.
Gras und Blumen.
Schmetterlingsflügel.
Bienensummen.
Ameisengekrabbel.
Käfergezappel.
Achtung, Maulwurfshügel!
Margeriten.
Rote Federnelken
vor dem blauen Himmel.
Heupferd übt den Weitsprung
bis zum Kümmel.
Ein Kamillenbusch
öffnet zwei Blüten.
Sommerfliegen flitzen
über Storchschnabelmützen.
Hummeln bummeln
im Honighaus
ein und aus.
Unten am Löwenzahn
geigt eine Grillenschnarre.
Der Wind spielt mit den Halmen
Harfe oder Gitarre,
alles regt sich und bewegt sich,
alles, was da lebt und schwebt,
leuchtet, knistert, flüstert,
brummelt, bummelt –

Was ist eine Wiese?
– Das ist eine Wiese.

Friedl Hofbauer

1 Trage das Gedicht so langsam vor, dass man sich diese Wiese vorstellen kann.

2 Was hast du selbst schon auf einer Wiese entdeckt?

Guten Tag, Gänseblümchen

Am frühen Morgen haben die Gänseblümchen auf den Wiesen und an den Wegrändern ihre Blüten noch geschlossen. Erst im Laufe des Vormittags öffnen sich die weißen Blütenblätter. Zur Mittagszeit sind sie dann ganz geöffnet und in den Abendstunden schließen sie sich wieder.

Woher weiß das Gänseblümchen, ob es Tag oder Nacht ist?
Die Antwort scheint einfach: weil es tags hell ist und in der Nacht dunkel. Ob das jedoch tatsächlich der Grund ist, kannst du leicht selbst überprüfen. Grabe dir ein Gänseblümchen aus und setze es in einen Blumentopf. Stelle den Topf in dein Zimmer. Du wirst sehen: Ganz gleich, wie hell oder dunkel es bei dir ist, dein Gänseblümchen öffnet und schließt seine Blüte zur gleichen Zeit wie seine Geschwister auf der Wiese. Es hört auf seine innere Uhr und faltet zur gewohnten Zeit seine Blütenblätter zusammen.

Unser Baumstumpf

Viele Jahre ist der Baum herangewachsen. Er ist alt geworden. Da bricht ein Sturm los, Blitze flammen auf, es gießt in Strömen – der Baum zerbirst. Der Förster sieht den angeschlagenen Baum und fällt ihn. Übrig bleibt der Baumstumpf. Gleich lässt sich eine Borkenkäferfrau mit Schnurrbart auf ihm nieder. Unter der Rinde legt sie ihre Eier ab. Maden schlüpfen aus und bohren Gänge in die Borke. Den Winter über wachsen sie im Schlaf. Als sie im Frühling aufwachen, haben sie schon Schnurrbärte und fliegen fort.

Aber nicht lange bleibt der Baumstumpf unbewohnt. Ameisen kommen angekrabbelt und entdecken all die Gänge, von den Maden ausgenagt. Hier lässt es sich für Ameisen gut leben. Die erste schleppt ein Blättchen, die zweite einen Holzsplitter, die dritte ein Sandkorn. Sie tragen ab, was angefault ist, und säubern so die Gänge.

Regen prasselt nieder. Ein Fröschlein hüpft heran und findet im Baumstumpf einen Unterschlupf. Viele Löcher hat die Zeit gebohrt und wer da kommt, der wird beschirmt. Die Sonne trocknet den Baumstumpf und schon nistet sich ein neuer Bewohner ein: ein Ohrwurm. Weil ihm nichts lieber ist als Schatten, verkriecht er sich unter der Rinde.

Am Ende kommt ein Mensch vorbei, bemerkt den Baumstumpf und setzt sich auf ihn, um auszuruhen. Dem Menschen gehört nun der Baumstumpf. Warum auch nicht? Wer sagen kann: Mein Wald! Der kann auch sagen: Mein Baumstumpf!

Aber wem gehört der Baumstumpf wirklich?
Mir! Sagt der Schnurrbart-Borkenkäfer.
Uns! Sagen die Ameisen.
Mir! Das Fröschlein.
Mir! So sagt der Ohrwurm.
Der Mensch behauptet: Mir!

Doch wenn ihr mich fragt, antworte ich: Allen gehört der Baumstumpf – den Käfern und Ameisen, dem Frosch, dem Ohrwurm und natürlich auch dem Menschen, weil wir alle mit den Bäumen zusammenleben. Nacheinander sind Käfer und Ameisen, sind Vögel und die andern Tiere auf der Erde erschienen und alle finden auf ihr Platz. Auch der Mensch.

Der Baumstumpf aber, der allen gehört, wird älter und älter. Die Sonne wärmt ihn, der Regen kühlt ihn ab. Langsam vermodert er. Verschwunden ist der Baumstumpf. An seiner Stelle wächst ein neuer Baum heran. Die Ameise krabbelt hoch an ihm, an ihrem Baum! In seinem Schatten ruht der Mensch aus. Ihnen allen gehört der Baum, weil die Erde, die ihn trägt, für alle die Heimat ist.

Natalia Romanowa/Gennadij Spirin

1. Welche Gäste kommen zum Baumstumpf?
2. Jeder Gast hat einen anderen Grund für seinen Besuch. Findet die Textstellen und sprecht darüber.
3. Alle sagen: „Der Baumstumpf gehört mir.“ Was denkst du?

Bin ganz Ohr

T. und M.: Dorothée Kreusch-Jacob

Bin ganz Ohr und bin ganz still, weil ich die Stille hören will.

2. Hör das Flüstern in den Zweigen,
   Mücken tanzen ihren Reigen.

Bin ganz Ohr und bin ganz still, weil ich die Stille hören will.

3. Hör den Wind durch Gräser wehn,
   kann die Wolken ziehen sehn.

Bin ganz Ohr und bin ganz still, weil ich die Stille hören will.

4. Trauerweide wäscht ihr Haar,
   erzählt dem See, wie's einmal war.

Bin ganz Ohr und bin ganz still, weil ich die Stille hören will.

5. Ins stille Wasser fällt ein Stein
   und zaubert Ring für Ring hinein.

Florino, der Regentropfenfänger

Kennst du ihn nicht, Florino, den Regentropfenfänger, der eigentlich Willi hieß? … Dann will ich dir von ihm erzählen, aber – pst! – du musst gut die Ohren spitzen, denn es gibt viel zu hören in dieser Geschichte. Woher er kam, der kleine Willi, und wer seine Eltern waren, wusste niemand. Plötzlich war er da, mitten auf dem Marktplatz. Er hüpfte barfuß und in einer roten Badehose fröhlich durch den Regen. Er tanzte den Leuten vor den Füßen herum und schnappte mit der Zunge nach den Regentropfen. Doch die Leute beachteten den fröhlichen Badehosenwilli nicht … Keiner freute sich mit ihm. „Warum sind die Leute immer so missmutig, wenn es regnet?", fragte sich Willi. „Weil sie das Zuhören verlernt haben, darum!", antwortete eine Stimme hinter ihm. Es war die alte Lisbeth. „Der Regen spielt doch manchmal wunderschöne Melodien … Pst! – Horch nur!! Horch … auf die Tropfen auf dem Wasser!" Willi horchte. „Sie machen pitsch!", sagte er. „Horch … auf den Blättern!" … Willi horchte abermals. „Auf den Blättern machen sie patsch!", sagte er und lachte. Er sprang um den Brunnen herum zu der roten Wassertonne. „Und hier machen sie pong! Und auf den Glasscheiben der Laterne machen sie ping!" Willi klatschte in die Hände. „Ping-pong-pitsch-patsch-pong-pong-ping!" „Eine lustige Tropfenmelodie, nicht wahr?", sagte die alte Lisbeth. „Aber es gibt noch mehr Tropfenklänge." „Ich will sie alle finden!", rief Willi eifrig. „Und dann will ich sie den missmutigen Leuten vorspielen." „Dazu musst du die Tropfen aber einfangen!" „Ich werde sie auch einfangen!", versprach Willi. „Und nun lebt wohl, Florino." … Willi sah sie verdutzt an. „Warum sagst du Florino zu mir? Ich heiß doch Willi!" „Jetzt nicht mehr", sagte die alte Lisbeth sanft. „Ein Regentropfenfänger heißt immer Florino." …

Willi, der jetzt Florino hieß, machte sich auf die Suche nach anderen Tropfenklängen. Und er fand: … das Guggelguggel in den Regenrinnen, das Plätscherplätscher in den Abwasserkanälen, das zarte Tickiticki auf den Fensterscheiben, das Dongdong auf den Autodächern, das Plitsch, Plutsch und Platsch auf den Büschen und Bäumen – und noch vieles mehr …

1 Denkt euch noch weitere Tropfenklänge aus.

2 Untermalt den Lesevortrag mit Instrumenten oder mit Geräuschen.

Naturgedichte

Apfelbaum am Haus.
Früchte trägt er rot und grün.
Den Duft mag ich sehr.

Regen prasselt laut.
Er trommelt an die Scheiben.
Sonne, wo bist du?

Schmetterling im Strauch.
Bunte Flügel schlagen sanft.
Schon fliegt er davon.

Schaukeln im Garten.
Abendwind streicht durch mein Haar.
Warten auf Papa.

1 Wähle das Haiku aus,
das dir am besten gefällt.
Begründe deine Entscheidung.

2 Zähle die Silben in jeder Zeile.
Was fällt dir auf?

3 Schreibe ein Haiku
und beachte die Regeln.

S. 129

Das Haiku
ist eine sehr alte japanische Gedichtform.
Ein Haiku handelt immer von der Natur.
Jede Zeile hat eine bestimmte Anzahl von Silben.

Noch heute finden in Japan große Wettbewerbe im Dichten von Haikus statt.

Dies ist ein Haiku des alten japanischen Meisters Nao-jo:

Sie pflücken fällt schwer.
Und sie nicht pflücken fällt schwer,
die kleinen Veilchen.

Wir schreiben ein Gedicht: ein Haiku

1. Sucht euch ein Thema aus der Natur.

2. Sammelt Wörter zu eurem Thema.

3. Jetzt beginnt jedes Kind mit dem Schreiben des Gedichts.
   - So muss das Gedicht aussehen:
     1. Zeile: 5 Silben
     2. Zeile: 7 Silben
     3. Zeile: 5 Silben
   - Mache eine Aussage und zähle die Silben.
     Wie kannst du diese Aussage für eine Haiku-Zeile passend gestalten?

     Die Vögel erwachen am Morgen und zwitschern.
     Vögel erwachen.

     Es liegt Frühlingsduft in der Luft.
     Frühlingsduft liegt in der Luft.

     Die Kinder spielen im Garten.
     Kinder im Garten.

4. Überprüft eure Haikus.
   Stimmen die Silben?
   Sprecht euch die Zeilen langsam vor.

5. Stellt euch die fertigen Haikus gegenseitig vor. Sprecht so, dass man merkt, dass eure Gedichte einen bestimmten Rhythmus haben.

Z Ihr könnt auch ein Plakat mit den Haikus gestalten.

Pronomen

Nomen-Ratespiel

Der _____ sieht sehr schön aus.
Er ist leicht.
Er fliegt zu Blüten und Sträuchern.
Er hat wunderschöne Flügel.
Er wird von vielen bestaunt.

Die _____ ist klein.
Sie hat acht Beine.
Sie baut Netze.

Die _____ ist schön.
Sie steht oft im Garten.
Sie duftet herrlich.
Sie hat leider auch Dornen.
Und manchmal hat sie Läuse.

Das _____ ist in Bäumen
oder Hecken zu finden.
Es ist kunstvoll gebaut.
Es ist ein Platz für Vögel.

1 Löse die Rätsel.

2 Schreibe sie ab und setze die richtigen Nomen ein.

3 Denkt euch selbst solche Rätsel zu Tieren oder Pflanzen aus.

4 Was fällt dir bei dem Haiku des japanischen Meisters Nao-jo auf?

S. 128

5 Schreibe Mini-Texte nach diesem Muster:

Der Schmetterling hat schöne Flügel.
Er fliegt von Blüte zu Blüte.

Wörter, die man für ein Nomen einsetzen kann, nennt man Pronomen.
Einzahl: ich, du, er, sie, es — Mehrzahl: wir, ihr, sie
Pronomen können Sätze miteinander verbinden.

S. 190

Lernwörter-Training

1 **2** **3**

4 Ordne die Lernwörter nach dem Abc.

5 Schreibe die Verben mit den Pronomen
ich *du* *er* auf.
ich sehe, du …

6 Die Zahl Vier und die Zahl Sieben
sind Zahlwörter.
Schreibe sie mit verwandten Wörtern auf.
vier, vierzehn, …

7 Schreibe die Nomen in eine Tabelle.

Einzahl	***Mehrzahl***
die Wiese	

8 Was fällt dir auf?

9

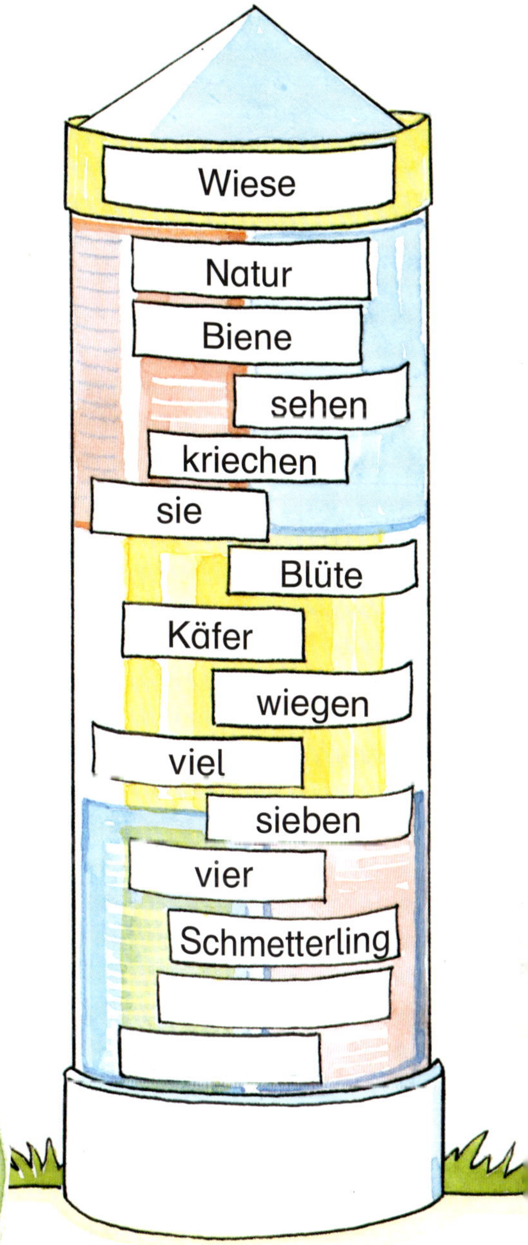

Auf der Wiese

Plötzlich ist es warm geworden.
Die Wiese sieht gelb aus.
Sie ist übersät mit Löwenzahn.
Bienen fliegen von Blüte zu Blüte.
Käfer und viele andere Tiere
krabbeln munter über Stock und Stein.
Die Grashalme wiegen sich im Wind.

10 Unterstreiche alle Wörter mit **ie**.

11 Finde weitere Wörter mit **ie**.

S. 202

Ich nicht

Am Kuchenteller
war ein Dieb.
Wo ist das Stück,
das übrig blieb?

Ich war's nicht,
sagt das Känguru
und hält sich
seinen Beutel zu.

Jürgen Spohn

„Salz
ist unter allen
Edelsteinen, die
uns die Erde schenkt,
der kostbarste."
- Justus von Liebig
(1803 - 1873)
deutscher Chemiker -

Salz

Seit Tausenden von Jahren wird Salz aus Meerwasser gewonnen. Besonders in südlichen Ländern stellt man Backbleche mit Meerwasser in die Sonne: Das Wasser verdampft und das Salz bleibt übrig.

In Kolumbien gibt es eine riesige Kirche aus Salz, 400 Meter unter der Erde. Selbst der Altar und die Pfeiler sind aus Salz. Im Licht lassen Millionen von Salzkristallen die Kirche strahlen und glitzern.

Zwei Hunde nehmen im neu eröffneten Tierrestaurant Platz und studieren die Speisekarte. Fragt der Ober: Was darf's denn sein?" „Wir nehmen zweimal Bellkartoffeln."

„Wenn es nicht zu viel Umstände macht, hätten wir lieber zweimal Pommes mit Mayo..."

Geräusche

Karl Valentin sitzt in einem Restaurant und schlürft Suppe.

Herr Zissbideldip: Na, na, na, das ist ja allerhand, wenn Sie schon nicht geräuschloser essen können, dann nicht im Restaurant!

Valentin: Das würde ich schon machen, aber meine Frau kann das Schmatzen und Schlürfen und die sonstigen Geräusche der Mahlzeit nicht hören.

Herr Zissbideldip: So, Ihre Frau kann das nicht hören, aber die fremden Leute im Restaurant, die neben Ihnen sitzen, die müssen sich das anhören!

Karl Valentin: Müssen nicht – die brauchen sich ja nicht um mich herumsetzen.

Herr Zissbideldip: Wenn aber sonst kein Platz mehr da ist?

Valentin: Dann schon! – Sie sind eben ein empfindlicher Mensch! Sie müssen doch auch auf der Straße gehen; da hören Sie den Straßenlärm, die Autos knattern, oben in der Luft surren die Flieger …

Herr Zissbideldip: Sie werden doch nicht das Geräusch eines Flugmotors mit ihrem Schmatzen vergleichen wollen!

Valentin: Selbstverständlich nicht! Das ist doch tausendmal lauter! – Da – haben Sie's soeben gehört! Der Herr da drüben hat geschnäuzt! Warum beschweren Sie sich nicht über das Nasengeräusch?

Herr Zissbideldip: Ja, ich kann doch dem Herrn das Schnäuzen nicht verbieten!

Valentin: So, das können Sie nicht! Aber mir wollen Sie das Essen verbieten!

Herr Zissbideldip: Das Essen nicht! – Über Ihr Schmatzen hab ich mich aufgeregt, und das mit Recht!

Valentin niest.

Herr Zissbideldip: Zum Wohl! Gesundheit!

Valentin: Was wollen Sie mit der dummen Bemerkung?

Herr Zissbideldip: Nun ja, wenn jemand niest, so sagt man zu demjenigen, der genossen hat, Gesundheit!

Valentin: Das finde ich aber sehr komisch! Zu einem Nasengeräusch, das eigentlich nicht sehr hygienisch ist, sagen Sie: Gesundheit! Und über das Schmatzen beim Essen regen Sie sich auf.

Karl Valentin

1 Lest den Text mit verteilten Rollen.

2 Spielt die Szene.

Tischsitten im Mittelalter

Im Mittelalter aß man selbst bei feinen Leuten mit den Fingern. Fleisch und Gemüse nahm man sich aus Schüsseln, die auf dem Tisch standen, und tunkte es in Soßen oder Gewürze. Oft teilte man sich mit dem Tischnachbarn oder der -nachbarin das Trinkgefäß und den Löffel. Mit dem Löffel aßen alle aus der in der Mitte stehenden Schüssel.

So lauteten Tischregeln:

- *Lange Fingernägel sind nicht erlaubt, weil sie Krätze verursachen.*
- *Haltet den Platz vor euch sauber.*
- *Allen Abfall (Käserinden, Obstschalen) legt an die hierfür bestimmte Stelle.*
- *Werft Knochen unter den Tisch, aber nahe an die eigenen Füße, ohne jemanden zu verletzen.*
- *Bei Tisch kratzt euch nicht und spuckt nicht über den Tisch.*
- *Die Zähne dürfen nicht mit der Messerspitze gesäubert werden.*
- *Tut Salz auf euer Brot und taucht nicht das Fleisch ins Salzfass.*

3 Sucht Gründe für die mittelalterlichen Tischsitten.

4 Welche Tischregeln gelten bei euch? Schreibt sie auf.

Die Kartoffel – ein Grundnahrungsmittel

Die Heimat der Kartoffel ist Südamerika. Dort gibt es heute noch viele wild wachsende Sorten. Nach Europa kam die Kartoffel erst im 16. Jahrhundert, nachdem Amerika entdeckt worden war. Die Eroberer brachten die Kartoffel mit nach Spanien, wo sie als Gartenpflanze angebaut wurde. In Deutschland fand die Kartoffel erst zu Beginn des 18. Jahrhunderts langsam Verbreitung. Im Jahre 1756 erließ König Friedrich der Große einen Befehl zum Kartoffelanbau im ganzen Land. Heutzutage wird sie in vielen Ländern der Erde angebaut.

Kartoffeln sind sehr nahrhaft und gesund und stellen wenig Ansprüche an den Boden. Deshalb wachsen sie auch auf sandigen Böden, wo nicht viel anderes gedeiht. Die ursprüngliche Kartoffel ist die Süßkartoffel, die wir auch heutzutage noch kaufen können. Unsere Kartoffeln schmecken nicht mehr süß. Es gibt viele Sorten Kartoffeln: fest kochende und mehlige, gelbfleischige und weiße, violette und rote Kartoffeln.

Der Name „Kartoffel" ist von dem italienischen tartuffolo – Trüffel – abgeleitet. Weil die genießbaren Knollen der Kartoffel unter der Erde wachsen, wurde die Kartoffel auch Erdapfel, Erdbirne oder Grundbirne genannt.

Vor 50 Jahren war es noch sehr mühsam, die Kartoffeln zu ernten. Sie mussten von Hand aufgesammelt werden. Deshalb halfen die Kinder bei der Kartoffelernte. Dafür gab es im Herbst extra die so genannten „Kartoffelferien". Heute braucht niemand mehr Kartoffeln vom Feld aufzuheben. Die ganze Arbeit erledigen Maschinen.

Erika Altenburg

Pellkartoffeln (mit oder ohne Quark)

Für 2 Portionen braucht man:

6–8 Kartoffeln

(je nach Größe und Appetit)

Butter, Salz

Für den Quark:

250 g Magerquark

4 EL Milch

Salz, Pfeffer, Zitronensaft

3 EL gehackte Kräuter, zum Beispiel Schnittlauch und Petersilie

1. Möglichst gleich große Kartoffeln aussuchen.

2. Die Kartoffeln unter fließendem kaltem Wasser mit einer Bürste gründlich abbürsten.

3. Die Kartoffeln in einen großen Topf geben und so viel kaltes Wasser hinzufügen, dass sie gerade bedeckt sind.

4. Die Kartoffeln auf höchster Stufe zum Kochen bringen.

5. Wenn die Kartoffeln kochen, auf mittlere Stufe zurückschalten und die Kartoffeln 20 bis 35 Minuten kochen lassen.
Tipp: Eieruhr auf 20 Minuten stellen!

6. Während die Kartoffeln kochen, in einer Schüssel den Quark mit der Milch verrühren. So viel Milch nehmen, bis der Quark schön cremig ist!

7. Den Quark mit Salz, Pfeffer und ein paar Spritzern Zitronensaft abschmecken.

8. Die Kräuter in den Quark rühren.

9. Nach 20 Minuten testen, ob die Kartoffeln gar sind. Wenn ja: Die Kartoffeln abgießen und im offenen Topf ein paar Minuten abdämpfen.

- Man kann die Pellkartoffeln mit oder ohne Schale auch einfach mit Butter und etwas Salz essen.

Es gibt viele Kinderkochbücher. Dieses Rezept und weitere findet ihr in diesem Buch.

Schreibe dein Lieblingsrezept auf.

Tipp:
Wenn man Kartoffeln abschreckt, lassen sie sich besser pellen.

Jörg lernt Kochen

Ich heiße Jörg. Meine Eltern sind geschieden und ich bin bei meinem Vater geblieben. Mein Vater ist Lehrer. Jeden Morgen gehen wir beide in die Schule, er in seine und ich in meine. Wer von uns zuerst nach Hause kommt, der setzt das Essen auf. Früher mochte ich nicht kochen. Ich fand es viel zu schwierig. Mein Vater hat es mir auch nicht zugetraut. Ich musste immer auf ihn warten und manchmal dauerte es eine Ewigkeit, bis es Mittagessen gab.

In den Ferien waren wir vierzehn Tage an der Ostsee. Hinterher bin ich zu meiner Oma gefahren und meine Oma hat gesagt: „Ich weiß wirklich nicht, warum du dich so anstellst. Kochen ist doch keine Zauberei. Ich bringe es dir bei, wenn du willst."

Zuerst wollte ich nicht. Aber zwei Tage später haben wir doch damit angefangen. Da zeigte mir meine Oma, wie man Spagetti und Tomatensoße macht. Ich habe einen Topf mit Salzwasser auf den Herd gestellt. Dann, als es blubberte, kamen die Spagetti hinein, und nach zehn Minuten Kochen waren sie weich. Ganz einfach, wirklich. Nur mit der Tomatensoße konnte ich nicht fertig werden. Es hat ziemlich lange gedauert, bis ich das schaffte.

Am nächsten Tag sollte es Kartoffeln und Schnitzel geben. Das eine Schnitzel habe ich gebraten und das andere meine Oma. Ich habe genau hingeguckt und ihr jeden Handgriff nachgemacht. „Du hast Talent zum Kochen, Jörg", sagte meine Oma. „Papa wird staunen."

Von da an brachte sie mir jeden Morgen etwas Neues bei. Sie nähte mir auch eine grüne Schürze mit einem roten Kochlöffel darauf, die band ich in der Küche um. Allmählich machte mir das Kochen sogar Spaß. Nur wenn etwas schief ging, ärgerte ich mich. Und zuerst ist dauernd etwas schief gegangen. Einmal habe ich Salz statt Zucker in den Pudding gestreut. Zwei volle Esslöffel! Und einmal, als meine Oma zum Einkaufen war, sind mir die Kartoffeln angebrannt. Das hat furchtbar gestunken.

Die Kinder im Haus fanden es komisch, dass ich kochen lernte. „Wie ein Mädchen!", sagten sie. Aber ich habe ihnen einen Vogel gezeigt.

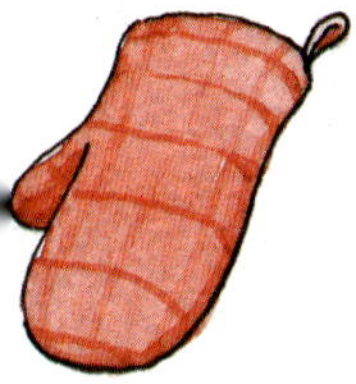

Mein Vater kann auch kochen. Überhaupt sind die besten Köche Männer, hat meine Oma gesagt.
Von wegen Mädchen!

Am Ende der Ferien hatte ich eine Menge gelernt: Gemüsesuppe, Pfannkuchen, Kartoffelsalat mit Würstchen, Reisauflauf und noch mehr.
Für alles hat mir meine Oma das genaue Rezept aufgeschrieben, damit ich es nicht wieder vergesse. Und meinem Vater haben wir nichts verraten.

Am ersten Schultag war bei uns schon um zehn Schluss.
Da bin ich nach Hause gerannt und habe gekocht: Spagetti mit Fleischsoße und als Nachtisch Schokoladenpudding. Mein Vater hat vielleicht gestaunt! „Mann, Jörg“, hat er gesagt, „das schmeckt toll. Du könntest direkt Koch werden.“ Aber ich will lieber Lehrer werden, so wie er.

Irina Korschunow

1 Schreibe zu jedem Abschnitt einen Satz, der den Text zusammenfasst.

2 Vergleicht eure Zusammenfassungen.

Uli Stein

Lieb wie das ___

Ein König hatte drei Töchter. Eines Tages kam er auf den Gedanken, ihre Liebe zu erproben. Und er sprach zu ihnen: „Kinder, wie lieb habt ihr mich?“ „Ich liebe dich wie das Gold“, sagte die erste. „Meine Liebe zu dir gleicht einem Diamanten“, versetzte die zweite. Die dritte sah ihn an und sprach: „Mein Vater, du bist mir so lieb und unentbehrlich wie das ___.“

„Wie das ___, das gewöhnliche ___?“, rief der König enttäuscht; und er geriet so in Zorn, dass er seine jüngste Tochter verstieß und aus dem Hause jagte. Da wanderte das Mädchen in die weite Welt. Über Berg und Tal. Bis sie in die Stadt eines anderen Königs gelangte. Dort bat sie um eine Arbeit. „Was kannst du?“, fragten sie. „Noch nichts. Ich möchte kochen lernen.“ Der Koch nahm sie mit in die Küche.

Hieß sie Töpfe auswaschen, Gemüse putzen und ihm beim Kochen zur Hand sein.

So arbeitete und lernte sie und wurde schließlich Köchin.

Da geschah es eines Tages, dass ihr Vater jenen König besuchte.

Das Mädchen, das davon hörte, kochte das Mittagessen.

Sie bereitete alles ohne ___ zu; und in die Suppenschale, die für ihren Vater bestimmt war, legte sie ihren Fingerring.

Als nun die Speisen aufgetragen wurden, schmeckten und schauten alle entsetzt.

„Pfui! Wer hat heute gekocht?“, rief der Gastgeber empört.

Der Gast, der den Ring fand, aber bat bewegt: „Bringt mir das Mädchen.“

Da trat seine jüngste Tochter herein. „Verzeih, Kind“, sprach er zu ihr. „Du hast es mir bewiesen. Das Liebste und Wertvollste auf der Welt ist das, was wir nicht entbehren können.“

Und er schloss sie in seine Arme und reiste mit ihr nach Haus.

Afrikanisches Märchen

1. Welches Wort fehlt in dem Märchen?
2. Warum ist der Vater enttäuscht?
3. Warum hat die Tochter diesen Vergleich für ihre Liebe gewählt?
4. Lest den Text mit verteilten Rollen.
5. Welche Merkmale eines Märchens findest du?

Wir ergänzen fehlende Wörter

Im Text fehlt ein bestimmtes Wort.
Dieses Wort kann man herausfinden,
wenn man den Text sorgfältig liest.

1. Jedes Kind liest den Text still.
Denke nach jedem Satz oder
nach jedem Abschnitt darüber nach,
was du erfahren hast.

2. Frage nach unbekannten Wörtern.

3. Wenn du den Text ganz gelesen hast,
gehe noch einmal im Text zurück.
Überlege, wie das fehlende Wort
heißen könnte.

4. Sprecht gemeinsam darüber,
welches Wort ergänzt werden müsste.
Prüft jeweils am Text, ob eine Idee
richtig sein kann.

5. Begründet eure Entscheidung.
Nennt die Zeilen,
wo die wichtigen Informationen stehen.

6. Berichtet darüber, wie ihr
zu eurer Entscheidung gekommen seid
oder wie ihr die richtige Lösung gefunden habt.

I want my dinner

"I WANT MY DINNER!"

"Say PLEASE," said the Queen.

"I want my dinner … please."

"Mmmmm, lovely."

Tony Ross

1. Kennst du das „wichtige" Wort in weiteren Sprachen?
2. Welches Wort würdest du der Prinzessin noch beibringen?
3. Wie reagieren Menschen aus anderen Ländern, wenn man diese Worte in ihrer Sprache verwendet?
4. Spielt die Szene.

Rollenspiel: Wir üben höfliches Bitten

Höflicher Umgang miteinander schafft eine angenehme Atmosphäre.

Erst überlegen, dann sprechen!

- Wie wird meine Äußerung von anderen Menschen aufgenommen?
- Wann erzeuge ich mit dem, was ich sage, positive Gefühle?

1. Lest die Aussagen und entscheidet gemeinsam, welche Äußerung höflich und freundlich ist und welche nicht. Begründet eure Entscheidungen.

2. Welche Möglichkeiten findet ihr zu dieser Situation noch, höflich um etwas zu bitten?

3. Sucht gemeinsam höfliche Äußerungen für jemanden, der Zucker haben möchte, weil die Erdbeeren nicht süß genug sind. Schreibt diese Äußerungen auf. Wie viele Varianten findet ihr?

Kartoffeln

Vincent van Gogh: Korb mit Kartoffeln

1 Entscheide dich für ein Bild und schreibe dazu einen Text.

2 Lest euch die Texte gegenseitig vor.

3 Ordnet sie nach Textsorten.

Satzschluss-Zeichen

1 Ergänze die Satzschluss-Zeichen. Schreibe die Satzanfänge groß.

Machen Nudeln dick
Das stimmt nicht Nudeln enthalten kein Fett dick
machen allenfalls die Sahnesoßen, die viele dazu essen

Machen Nudeln stark
Das ist richtig Nudeln enthalten viele Nährstoffe der Körper
wandelt sie besonders schnell in Energie um

2 Stellt euch gegenseitig noch mehr Fragen zum Thema **Nudeln**.
Bücher und das Internet können euch helfen, Antworten zu finden.

Redensarten vom Essen

Das ist etwas für den hohlen Zahn

Hätte ich mir lieber auf die Zunge gebissen

Gönnst du mir das Salz in der Suppe nicht

Beiß doch mal die Zähne zusammen

Manchmal muss man in den sauren Apfel beißen

Friss nicht alles in dich hinein

3 Welche Satzschluss-zeichen fehlen? Lies jeden Satz entsprechend vor.

4 Was könnten die Redensarten bedeuten?

5 Sucht euch eine Redensart aus.
Denkt euch eine Situation aus und spielt sie.

Wörter mit tz und ck

Frühstück für die Katzenklasse

Die Tischgruppe von Kemal, Fritz, Nick, Samira, Marie und Jana plant ein Frühstück für die ganze Klasse. Samira will Nussplätzchen mitbringen. Sie hat sie selbst gebacken aus Mehl, Butter, Zucker und gehackten Nüssen.
Fritz mag zum Frühstück auch Eier mit Speck.
Kemal will lieber knackige Radieschen mitbringen.
Jana sagt: „Knackige Radieschen sind echt lecker. Speckpfannekuchen schmecken mir überhaupt nicht."
Darauf Marie: „Wie wäre es mit frisch gepflückten Erdbeeren?"
Am Ende wird es ein schönes, abwechslungsreiches Frühstück.

1 Suche alle Wörter mit **ck** und **tz** aus dem Text.

2 Schreibe sie in eine Tabelle. Markiere **ck** und **tz**.

3 Vergleiche die Wörter. Was haben sie gemeinsam?

4 Markiere **ck** und **tz**.

Vor **ck** und **tz** stehen in der Regel kurze Vokale.

 S. 201

Lernwörter-Training

1 

2 

3 

4 Sortiere die Lernwörter nach Nomen, Verben und Adjektiven.
Nomen: das Obst, …

5 Suche zu jedem Nomen ein zusammengesetztes Nomen.
Obst – Obstsalat
Nudel – Vollkornnudel

6 Schreibe mit jedem Verb einen Satz.

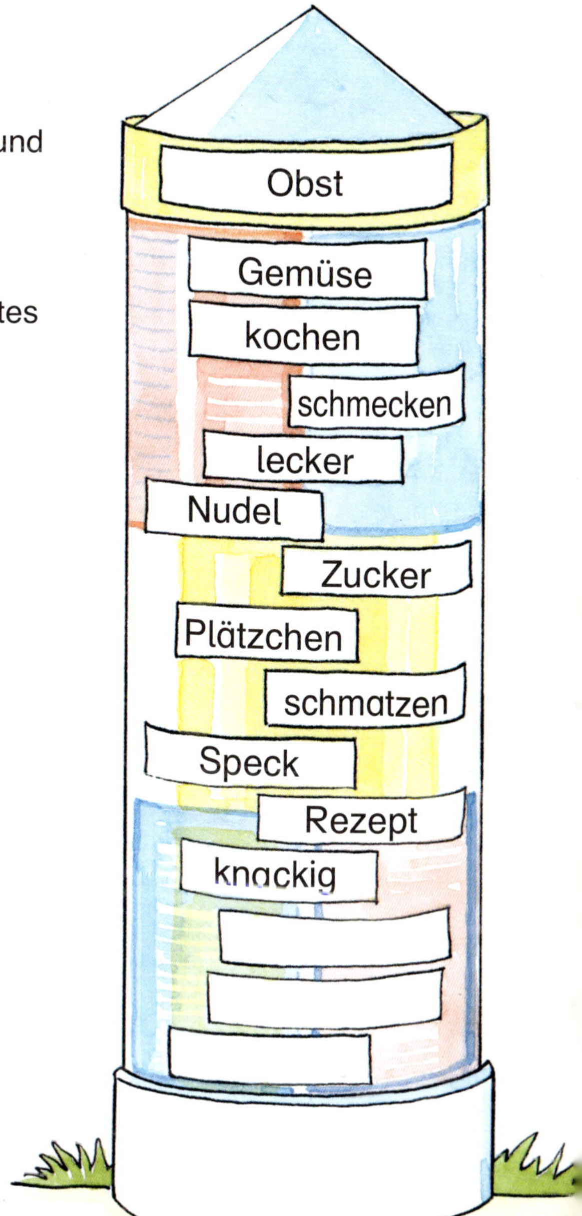

7 Denke daran, die Nomen und Satzanfänge großzuschreiben. Setze die Punkte.

gesundes essen kann lecker schmecken für das frühstück in der schule ist knackiges obst und gemüse toll selbst gebackene plätzchen sind auch lecker, aber sie enthalten viel zucker zum mittagessen kocht meine oma oft nudeln manchmal macht sie nach ihrem geheimrezept kartoffelsalat mit gebratenem speck

Technik mit Köpfchen

Manchmal wär ich gern
ein Erfinder.
Ich erfinde dann wichtige Sachen
gegen den Krieg
und gegen den Hunger
und gegen Krankheiten.
Aber ich erfinde auch
lustige Dinge für mich selbst.
Im Sommer baue ich
eine automatische Eimerdusche
zur Abkühlung.
Wenn es heiß wird,
zieh ich einfach an der Schnur.

Erhard Dietl

Der Flaschenzug

Einen schweren Eimer Wasser
aus einem tiefen Brunnen zu ziehen
ist eine Kraft raubende Arbeit.
Sie wird erleichtert, wenn das Zugseil
vom Eimer über eine Rolle
oberhalb des Schachts geführt wird.
Dadurch ändert sich die Zugrichtung –
statt herauf zieht man
von oben nach unten.

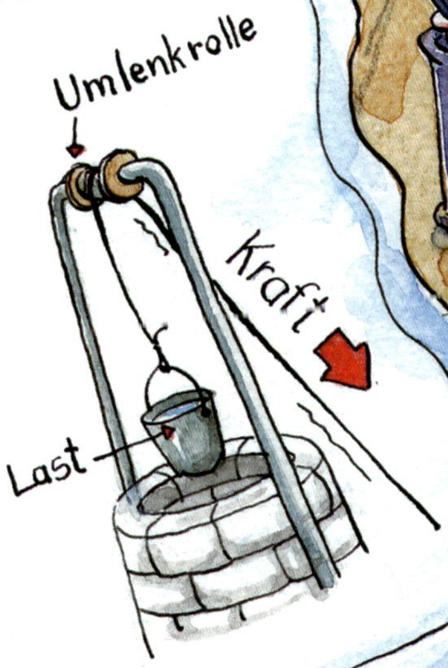

Trick:

Ballon in der Flasche

Versuche doch mal, einen Ballon in der Flasche aufzublasen. Es wird dir nicht so ohne weiteres gelingen. Sobald sich der Ballon etwas mit Luft gefüllt hat, stößt er an die Innenwand des Flaschenhalses und dichtet die Flasche dadurch ab. Wenn du nun weiter in den Ballon blasen möchtest, kann er sich nicht weiter nach unten ausdehnen, weil die restliche Luft in der Flasche nicht mehr entweichen kann.

Dabei ist es wirklich ganz einfach.

Du nimmst einen Strohhalm und schiebst ihn neben dem Ballon in die Flasche hinein. Nun kannst du den Ballon ganz leicht aufblasen und zuknoten. Dann ziehst du den Halm heraus. Durch den Halm entweicht beim Aufblasen die Luft aus der Flasche, sodass der Ballon sich ungehindert ausdehnen kann.

Axel Weiss

Kater Findus erfindet die attamatische Kaffeekanne

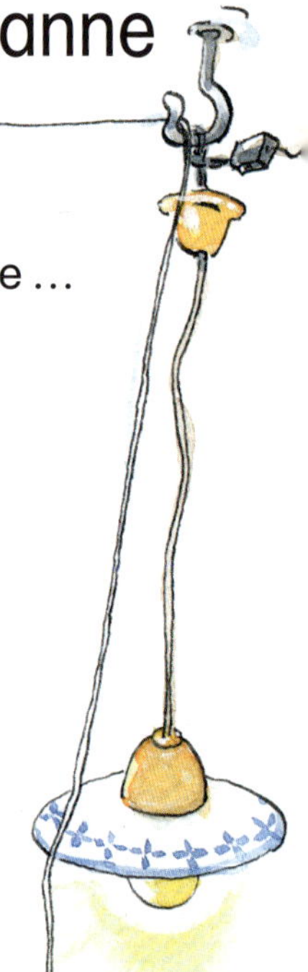

Weil Petterson den ganzen Tag lang im Schuppen an einer Erfindung arbeitet, langweilt sich Findus, sein Kater, … und hat plötzlich eine Idee …

Ich werde tatsächlich auch was erfinden, dachte er. Irgendwas Attamatisches. Eine Weile dachte er darüber nach, was er erfinden sollte. Dann entdeckte er die Kaffeekanne. „Eine attamatische Kaffeekanne! Genau das brauchen wir! Jetzt muss ich erst einmal nachdenken und mich am Ohr zupfen."

Er lief herum und ahmte Petterson nach, wie er aussieht, wenn er nachdenkt. … „Mhm", machte Findus und guckte nachdenklich zur Decke und kratzte sich am Kinn. Da oben war ein Haken, an dem die Lampe hing. Findus probierte aus, wie weit er die Kaffeekanne kippen musste, bis etwas aus der Tülle kam. Er wippte auf einem Stuhl, bis die Hinterbeine vom Fußboden abhoben. „Genau …", sagte er nachdenklich. … Er holte Schnüre aus dem Schrank und verknüpfte sie kreuz und quer, oben am Lampenhaken, hinunter zur Kaffeekanne, hinauf zur Gardinenstange, hinunter zum Stuhl … Damit war er eine ganze Weile beschäftigt, er knüpfte zusammen und knüpfte wieder auf. Aber schließlich funktionierte es so, wie er es sich vorgestellt hatte. Die hinteren Stuhlbeine schwebten ein Stück über dem Fußboden. Wenn Findus den Stuhl hinunterdrückte, zog die Schnur an der Kaffeekanne, sodass sie sich neigte und ein wenig Kaffee herausfloss. Wenn Petterson hereinkam und sich auf seinen Stuhl setzte, würde seine Tasse sich ganz von selbst mit Kaffee füllen. Im Augenblick hatte Findus zwar vergessen, eine Tasse auf den Tisch zu stellen, aber sonst war es eine gute Idee.

Aber dann fiel ihm ein, dass der Kaffee ja immer weiterfließen würde, auch wenn die Tasse schon voll war. Er musste sich also etwas einfallen lassen, dass die Kaffeekanne sich wieder aufrichtete, bevor die Tasse überlief. Das war ein schweres Problem und Findus musste eine Weile heftig nachdenken. Er war jedoch ein besonders kluger Kater und holte eine

Wärmflasche aus dem Bett, goss das Wasser aus und versuchte, die Wärmflasche aufzublasen, aber das ging nicht.
Da holte er einen Luftballon und aus dem Nähkästchen einen Korken.
Den Luftballon fabrizierte er in die Wärmflasche, blies ihn auf und verschloss die Wärmflasche mit dem Korken. Er legte sie auf den Fußboden und sprang darauf herum, bis der Korken mit einem Zischen herausschoss.
Genau, wie Findus es sich vorgestellt hatte.
Er blies den Luftballon noch einmal auf und legte die Wärmflasche unter ein Stuhlbein. Dann holte er noch ein Brett, das er über die Wärmflasche legte.
Jetzt konnte es losgehen. Er stellte fünf Tassen auf ein Tablett unter die Kaffeekanne. „So, in irgendeine Tasse wird der Kaffee schon laufen“, sagte Findus. „Jetzt ruf ich Petterson.“
Aber da kam Besuch …
„Ist Petterson nicht da?“ Die Frau reckte den Hals und spähte durch die offene Tür in den Vorraum. Findus zog sie am Mantel zu dem vorbereiteten Stuhl.
Erstaunt betrachtete sie all die merkwürdigen Schnüre und Vorrichtungen und wollte sich erst nicht setzen, aber Findus war eigensinnig.
Als sie sich vorsichtig setzte, begann der Kaffee in die Tasse zu plätschern.
Fasziniert beobachteten die Frau und Findus die attamatische Kaffeekanne.
Aber als sich die Frau mit ihrem ganzen Gewicht auf den Stuhl sinken ließ, schoss der Korken mit einem lauten Zischen heraus. Erschrocken sprang sie hoch, die Kaffeekanne richtete sich wieder auf und der Kaffee hörte auf zu fließen.
Genauso hatte Findus sich das gedacht! Er stand auf dem Tisch und hüpfte vor Freude. Dann hielt er der Frau stolz die Kaffeetasse hin.
„Bitte schön, trinken Sie!“

Sven Nordquist

Rätsel

1 Überlegt, was der Begriff **Gabe** bedeutet.
Notiert alles, was euch dazu einfällt.

2 Jedes Kind liest den Text
und entscheidet, welche Bedeutung
in diesem Gedicht gemeint ist.

3 Vergleicht eure Ergebnisse.
Begründet eure Entscheidungen.

Rätsel

Zwei Eimer sieht man ab und auf
In einen Brunnen steigen,
Und schwebt der eine voll herauf,
Muss sich der andre neigen.
Sie wandern rastlos hin und her,
Abwechselnd voll und wieder leer,
Und bringst du diesen an den Mund,
Hängt jener in dem tiefsten Grund,
Nie können sie mit ihren Gaben
In gleichem Augenblick dich laben.

Friedrich von Schiller

4 Überlegt, welche Wörter ihr nicht kennt.
Was bedeutet **neigen**?
Was ist gemeint mit **laben**?
Wenn ihr den Text genau lest,
könnt ihr Hinweise finden.

5 In diesem Rätsel geht es um ein technisches Gerät.
Malt dieses Gerät auf und vergleicht es mit anderen, die ihr kennt.

Wir beschäftigen uns mit der Bedeutung von Wörtern

Wir denken über die Bedeutung von Wörtern nach

Unser Partner-Lesespiel geht so:

1. Jedes Kind liest einen anderen Text
und wählt ein **Schlüsselwort** aus.
Das Schlüsselwort ist ein wichtiges Wort im Text.

2. Jeder nennt dem anderen das Wort.
Der Partner oder die Partnerin überlegt,
was dieses Wort bedeuten kann.

Die Einfälle dazu werden in Stichworten aufgeschrieben.

3. Jedes Kind bekommt jetzt vom anderen den Text.
Es soll herausfinden,
was das Schlüsselwort
in diesem Text bedeutet.

4. Sprecht über eure Ergebnisse.
Begründet eure Meinung.

Wir finden selbstständig Wortbedeutungen

In manchen Texten finden wir Wörter,
die wir nicht kennen.

1. Jedes Kind liest einen Text still.

2. Jedes Kind überlegt und notiert die Wörter,
die unbekannt sind.

3. Vergleicht die unbekannten Wörter.
Lest noch einmal genau.

Im Text finden sich oft Hinweise,
was mit einem Wort gemeint ist.
Sprecht darüber.

4. Wenn ihr die Bedeutung nicht klären könnt,
schlagt im Wörterbuch oder Lexikon nach
oder schaut ins Internet …

Katzenaugen und Reflektoren

Wenn man nachts mit dem Auto unterwegs ist, erscheinen oft plötzlich im Scheinwerferlicht zwei hell leuchtende Punkte, die Augen einer Katze. Wie kommt das?
Genau wie im menschlichen Auge, so befindet sich auch im Auge der Katze die Netzhaut, die mit vielen Sehzellen ausgestattet ist.
Diese Sehzellen senden das Bild dann zum Gehirn.
Im Katzenauge befindet sich aber hinter der Netzhaut noch eine besondere Schicht von Kristallen, die das einfallende Licht wieder durch die Netzhaut hindurch nach außen zurückwirft.
So wird das Licht viel besser ausgenutzt und die Katze kann auch bei Dunkelheit noch ziemlich gut sehen.
Katzenaugen nennt man aber auch die Vorläufer der modernen Reflektoren an Fahrzeugen, wie z. B. am Fahrrad. Sie waren rot und rund und bestanden aus einer Vielzahl von kleinen Würfellinsen, die das auftreffende Licht in seine Ausgangsrichtung zurückwarfen.
Schulkinder tragen heute oft Kleidung und Schultaschen mit Reflexfolien, damit sie im Straßenverkehr von Autofahrern besser gesehen werden können. In diesen Folien sind winzig kleine Glaskügelchen eingebettet, die das Licht zurückstrahlen.

Nacht in der Wildnis

Zwei Augen funkeln.
Ein Tiger im Dunkeln!

Vier Augen:
Zwei!

Sechs Augen:
Drei!

Sie zwinkern uns zu:
Macht's gut, ihr dort!
Und gehen
auf leisen Sohlen fort.

Wer weiß, wie viel wacht,
wer weiß, wie viel sacht
rings um uns wandert
in samtener Nacht.

Josef Guggenmos

1 Wessen Augen funkeln?

2 Was bedeutet wohl **samtene Nacht**?

3 Tragt das Gedicht so vor, dass man das Geheimnisvolle der Nacht hört.

Ein Verschluss mit K(n)öpfchen

I NEED YOU

Ein Oberteil mit einer Öffnung und ein Unterteil mit einer kleinen
Auswölbung in der Mitte, so kennt ihn schon jedes Kind,
den Druckknopf. Er ist schon über 100 Jahre alt.
Die Öffnung des Oberteils passt genau auf das Köpfchen des Unterteils.
Bei genauerer Betrachtung erkennst du in der Öffnung
einen Federdraht und am Köpfchen
eine schmale Einschnürung
vor der kugelförmigen Verdickung.
Wird der Knopf geschlossen, das heißt, werden
Unterteil und Oberteil zusammengedrückt,
rasten Kugel und Federteil mit einem hörbaren Klick ineinander.
Zum Öffnen der Verbindung werden
die beiden Teile auseinander gezogen
und lösen sich gegen den Druck der Feder.

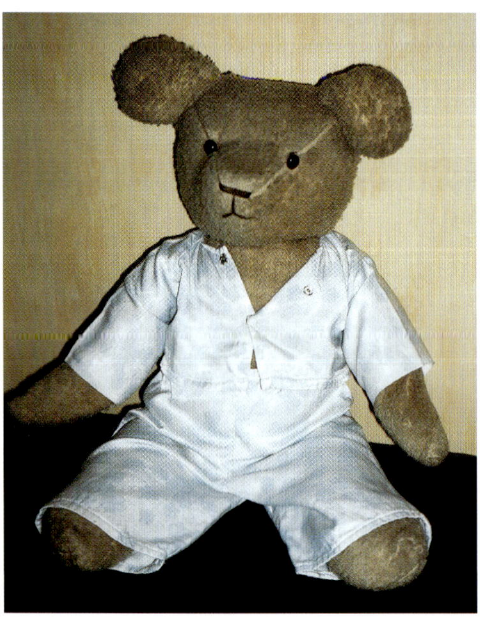

1 Von welchem Verschluss ist hier die Rede?

2 In diesem Text sind einige schwierige Wörter enthalten. Sprecht über ihre Bedeutung.

3 Überlegt, wo dieser Verschluss heute überall vorkommt.

4 „I NEED YOU" – Was heißt das? Was bedeutet dieser Satz hier?

5 Entdeckst du den Verschluss am Teddy?

Das Erfolgsgeheimnis dieses Verschlusses ist auf den ersten Blick gar nicht zu erkennen.
Eine „Feder“ spielt hier nämlich eine ganz wichtige Rolle.
Was bedeutet das Wort in diesem Zusammenhang?

So hatte Hans Prym, der Erfinder, seine Idee – die Drahtfeder aus dem Oberteil des Druckknopfes – aufgezeichnet.

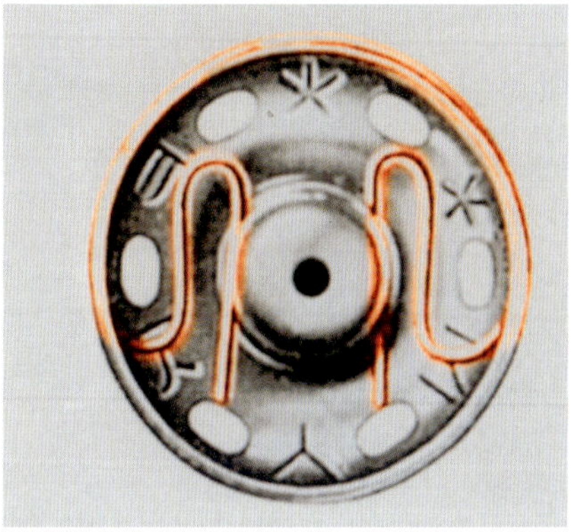

Auf diesem Bild kannst du erkennen, wie die Drahtfeder in den Druckknopf eingebaut ist.

Federdraht hat eine ganz besondere Eigenschaft:
Nach dem Verbiegen bewegt er sich immer wieder in seine ursprüngliche Form zurück.
Metallfedern aus Federdraht kommen in unserem Alltag sehr häufig vor.
Man sieht sie nur nicht immer auf Anhieb.

1 Überlege, wo in deiner Umgebung Metallfedern zu finden sind.

2 Wie sehen diese Federn aus? Zeichne sie auf.

3 Was sollen die Federn bewirken?

Kunstwerke aus Draht

Bei den Kunstwerken des amerikanischen Künstlers Alexander Calder spielt Draht eine wichtige Rolle.

Alle Teile dieser Plastik sind nur lose durch Drahtösen miteinander verbunden.
Ganz ruhig schweben die Teile im Raum.
Kannst du dir das erklären?

Ein solches Kunstwerk nannte Calder „Mobile".

Das Wort „mobil" kennst du aus anderen Bereichen des täglichen Lebens, wie z. B. das „Automobil" oder das „Mobiltelefon".

1 Findest du heraus, was dieses Fremdwort bedeutet und was es mit dem Kunstwerk zu tun haben könnte?

2 Du kannst aus Draht, Fäden und selbst ausgedachten Pappformen ein solches Mobile basteln.

Wir schreiben einen Sachtext

1. Wir planen das Textschreiben.
Überlegt genau:
Worüber schreiben wir? Was erklären wir? Wem erklären wir es?
Tipp: Notiert Stichworte zur Reihenfolge.

2. Wir schreiben den Text.
- Jedes Kind schreibt seinen Text.
- Jeder setzt seine eigene Überschrift.

3. Wir betrachten die Texte.
- Stellt euch eure Texte gegenseitig vor.
- Was kann man sich besonders gut vorstellen?
- Kann man die Erklärung verstehen?
- Muss etwas am Text verändert werden?

4. Wir veröffentlichen unsere Texte.
- Wir korrigieren die Rechtschreibung.
- Wir hängen die Texte an unsere Pinnwand oder machen ein Buch daraus.

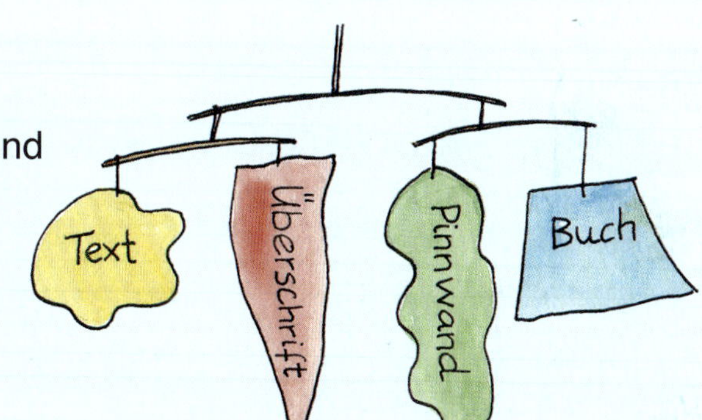

Informiere dich, wie ein Kran arbeitet.
Beschreibe es mit eigenen Worten.

Verben in der Gegenwart

ROBO

In einem Haushalt gibt's zu tun
von früh bis spät, tagaus, tagein.
Doch uns geht's gut. Den Laden schmeißt
ROBO, der Roboter, allein.

Er kocht, er spült, er saugt, er schrubbt.
Für ihn gibt's kein Problem.
Wer wäscht das Auto? ROBO kann's! –
Wir machen's uns bequem.

Wer putzt die Fenster? Wer heizt ein?
ROBO! ROBO! ROBO!
Steigt einer nachts zum Fenster rein:
ROBO haut ihn k. o.!

Seit einer Woche aber ist
ROBO so kurios.
Kann's eine Drahtverschlingung sein?
Ist eine Schraube los?

Er streicht die Zimmerlinde flach,
begießt die Kissen mit der Kanne.
Die Eier zieht er ritsch-ratsch auf,
den Wecker haut er in die Pfanne.

Wo jault der Hund? Er steckt im Müll.
Was rumpelt vor dem Haus?
ROBO führt an der Hundeleine
den Abfalleimer aus.

Wir haben ROBO angeschafft –
jetzt ist er Herr im Haus.
Zum Teppich sagt er: „Guten Tag!"
Und uns? Uns klopft er aus!

Josef Guggenmos

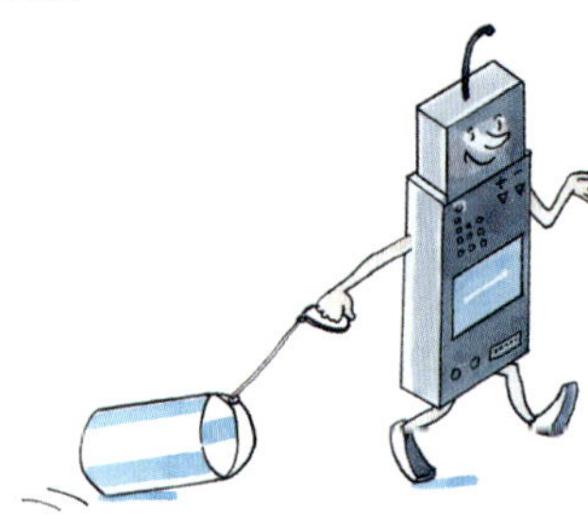

1 Klärt schwierige Wörter in dem Gedicht.

2 Schreibe auf, was ROBO im Haushalt alles macht.
Unterstreiche die Verben.
ROBO kocht. Er …

3 Plötzlich macht ROBO alles falsch. Schreibe auf.
Er streicht die Zimmerlinde flach.

Wenn wir von etwas sprechen, das jetzt geschieht, stehen die Verben in der **Gegenwartsform**.

Verben in der Vergangenheit

Als ROBO noch in Ordnung war, ging es allen richtig gut.

ROBO **hat**
das Mittagessen **gekocht**.
Er **hat** täglich
das Geschirr **gespült**.
Er **hat** unser Auto
blitzeblank **gewaschen**.
Er **ist** zum Supermarkt
gegangen.

ROBO **kochte**
das Mittagessen.
Er **spülte** täglich
das Geschirr.
Er **wusch** unser Auto
blitzeblank.
Er **ging** zum Supermarkt.

1 Wie sind die Vergangenheitsformen in den beiden Texten gebildet?
Schreibe die verschiedenen Formen auf.
er hat gekocht *er kochte*

Wenn du dir nicht sicher bist, wie die Vergangenheitsform des Verbs heißt, schau in der Wörterliste nach!

2 ROBO hat uns aber noch viel mehr Arbeit im Haushalt abgenommen.
Schreibe kleine Sätze in der Vergangenheit.

schrubben	putzen	einheizen	schreiben	hauen	saugen
polieren	laufen	abstauben	einkaufen	backen	bügeln

3 Bilde beide Vergangenheitsformen der Verben.
er hat geschrubbt *er schrubbte*

Wenn wir von etwas sprechen, was schon geschehen ist, stehen die Verben in einer **Vergangenheitsform**.

S. 192/193

Wörter mit tz

1 Ordne die Wörter nach dem Alphabet.

| Witz | trotzdem | blitzen | setzen | benutzen |
| plötzlich | schützen | Satz | jetzt | putzen |

2 Welche Wörter gehören zu einer Wortfamilie?
Schreibe sie auf.
blitzen, …

3 Unterstreiche den Wortstamm bei den Wörtern.
<u>blitz</u>en, …

4 Schreibe Sätze mit diesen Wörtern:

| jetzt | plötzlich | trotzdem | schwitzen |

Du kannst auch mehrere Wörter in einem Satz verwenden oder eine ganze Geschichte schreiben.

5 Suche selbst noch andere Wörter mit **tz** und schreibe sie auf.
Sprich dir die Wörter mit **tz** vor.

6 Achte auf den Vokal.
Was entdeckst du?

Lernwörter-Training

4 Ordne die Lernwörter nach dem Abc.

5 Bilde Sätze mit einigen Lernwörtern.

6 Schreibe einen Text,
in dem mehrere Lernwörter
vorkommen.

7 Das Lernwort **Netzhaut** besteht aus zwei Nomen.
Suche zu jedem dieser Nomen
verwandte Wörter.
Netz: Einkaufsnetz, …
Haut: …

8 Ordne die Lernwörter nach den Wortarten.
Nomen: der Knopf, …
Verben: …
Adjektive: …
sonstige Wörter: …

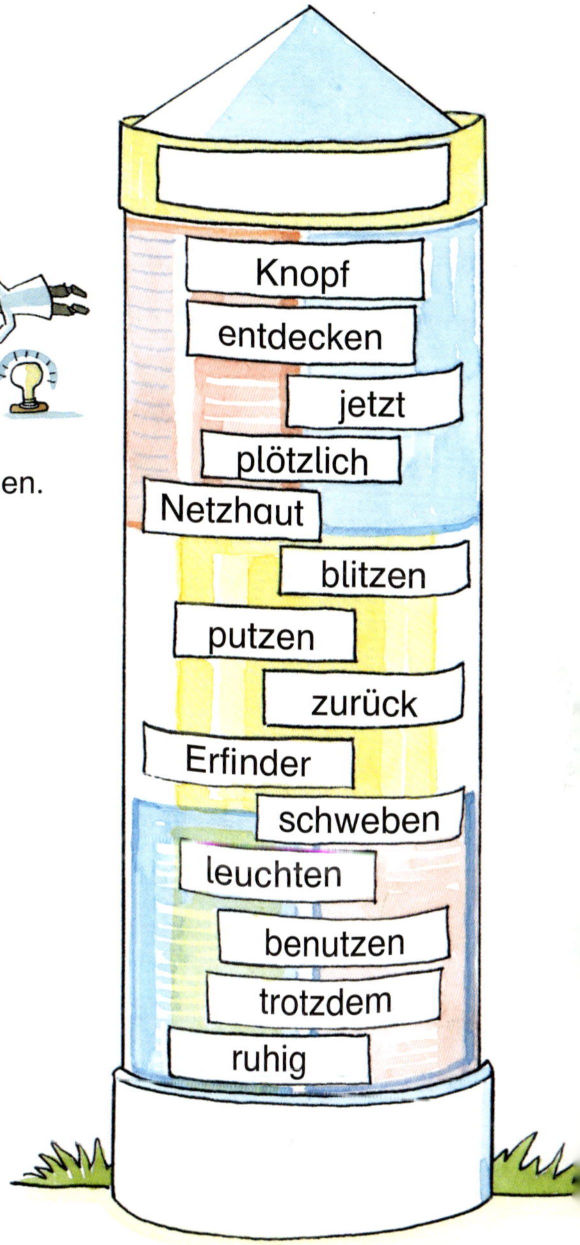

Neues Gedicht

Da sitzt die Fliege,
sitzt – und putzt sich die Flügel
auf meinem Gedicht.

Josef Guggenmos

Das Jahr hat viele Gesichter

Wie viele Krokusse erblühen,
wenn der Frühling naht,
wie viele Regenwolken ziehen
vor der ersten Saat,
wie viele Amseln Lieder singen,
wie viele Quellen neu entspringen –
das alles weiß er nicht
und schreibt trotzdem ein Gedicht.

Wie viele Sommerwiesen duften,
wenn wir wandern gehn,
wie viele Bauern schwitzend schuften
und am Steilhang mähn,
wie viele Kinder schwimmen, tauchen,
wie viele Lagerfeuer rauchen –
das alles weiß er nicht
und schreibt trotzdem ein Gedicht.

Wie viele Nebelfahnen wehen,
wenn es herbstlich wird,
wie viele Weintrauben entstehen,
bevor die Kälte klirrt,
wie viele Rosskastanien fallen
und auf Autodächer prallen –
das alles weiß er nicht
und schreibt trotzdem ein Gedicht.

Wie viele Schneekristalle schweben,
zart wie ein Insekt,
wie viele Winterschläfer leben,
irgendwo versteckt,
wie viele Schlitten talwärts rasen,
wie viele rot gefrorne Nasen –
das alles weiß er nicht
und schreibt trotzdem ein Gedicht.

Denn eines weiß der Dichter:
Das Jahr hat viele Gesichter.

Georg Bydlinski

Rätsel

Ein Zauberer geht um,
ganz unsichtbar und stumm.
Von seinem warmen Atemhauch
erwachen Blume, Baum und Strauch
und alles drum herum.

Mit unsichtbarer Hand
bemalt er Stadt und Land.
Er braucht sich gar nicht abzumühn:
Ein Streicheln nur, schon leuchtet grün,
wo vorher Kahles stand.

Was ruht, das macht er wach,
wo's still war, macht er Krach:
Er baggert, scheppert, klirrt und brummt,
er lacht und zwitschert, rauscht und summt.

Christa Zeuch

Maler Frühling

Der Frühling ist ein Maler,
er malte alles an,
die Berge mit den Wäldern,
die Täler mit den Feldern:
Was der doch malen kann!

Auch meine Blumen
schmückt er mit Farbenpracht:
Wie sie so herrlich strahlen!
So schön kann keiner malen,
so schön, wie er es macht.

O könnt ich doch so malen,
ich malt ihm einen Strauß
und spräch in frohem Mute
für alles Lieb und Gute
so meinen Dank ihm aus!

Hoffmann von Fallersleben

Frau Maikäfer, flieg!

Es war einmal im Juli ein Maikäfer. Ja, ein Maikäfer, der war vom Frühling übergeblieben. Genau genommen war es eine Maikäferin. „Oh weh!“, sagte sich die Maikäferfrau, „Ich habe zu lange gelebt. Ich habe zu lange gewartet, mir einen Maikäfermann zu suchen. Jetzt werde ich keinen mehr finden, denn sie sind alle schon tot. Ich werde die Liebe nicht kennen lernen, keine Eier in die Erde legen und keine Kinder haben.“

Freilich, im Leben einer Maikäferfrau ändert sich nicht viel, wenn sie keine Kinder hat, denn eine Maikäfermutter sieht ihre Kinder nie.
Wenn die Engerlinge unter der Erde aus den Eiern schlüpfen, sind ihre Maikäfermütter und -väter schon längst tot. Trotzdem war die Maikäferfrau traurig und sagte: „Ich habe ganz umsonst gelebt und wenn ich gestorben bin, wird es so sein, als ob ich nie gewesen wäre.“
Die Maikäferfrau saß auf einem Apfelbaum und knabberte an einem Blatt. „Eigentlich schmecken diese Blätter fürchterlich“, sagte die Maikäferfrau, „ich habe schon zu lange Apfelbaumblätter gegessen.“ Und sie flog zum Nachbarbaum, um zu sehen, wie der schmeckte. Und dann flog sie zu einem anderen Baum und wieder zu einem anderen, sie hatte ja nichts zu tun und konnte es sich leisten, ein bisschen herumzunaschen.

So flog sie von Baum zu Baum und kam schließlich ans Meer. So etwas hatte die Maikäferfrau noch nie gesehen. „Na so was“, sagte die Maikäferfrau, „so was Großes und Blaues!“ Und sie sah Schiffe, die auf dem Meer hin- und herfuhren, und das hatte sie auch noch nie gesehen. Und sie flatterte auf eines der Schiffe und das Schiff fuhr mit der Maikäferfrau rund um die Welt, immer am Äquator entlang. Und die Maikäferfrau sah Dinge, die noch nie ein Maikäfer gesehen hatte, Fische und Inseln und Wale und Luftmatratzen und Korallen und Surfbretter und Öltanker und Schwimmreifen und Pflanzen, die sie nicht anknabbern konnte, weil sie unter Wasser wuchsen.

Als das Schiff wieder in seinem Heimathafen ankam, waren Sommer, Herbst und Winter vorbeigegangen, aber die Maikäferfrau hatte es nicht gemerkt, weil das Schiff ja am Äquator entlanggefahren war, wo es immer warm ist. Die Maikäferfrau hatte plötzlich wieder Appetit auf Apfelbaumblätter und verließ das Schiff und flog von Baum zu Baum, bis sie wieder in ihrer Heimat war.

Und da war es Mai geworden und überall krochen die Maikäfer aus der Erde und fielen über die Bäume her und begannen zu fressen. Und die Maikäferfrau erzählte ihnen von ihren Abenteuern.

Voller Staunen hörten die Maikäfer
all diese Dinge, von denen noch nie
ein Maikäfer gehört hatte.
Endlich erfuhren sie etwas von der Welt.
Die alte Maikäferdame wurde
von allen bewundert und geehrt
und als sie starb, war sie zufrieden,
denn sie hatte nicht umsonst gelebt.
Im nächsten Jahr freilich war alles vergessen,
denn im Juli war auch der letzte Maikäfer gestorben,
der noch etwas hätte erzählen können,
und aufschreiben können die Maikäfer ja nichts.

Martin Auer

Herbstgedichte

Die Blätter fallen

Es ist nun der Herbst gekommen,
hat das schöne Sommerkleid
von den Wäldern weggenommen
und die Blätter ausgestreut.
Vor dem bösen Winterwinde
deckt er warm und sachte zu
mit dem bunten Laub die Gründe,
die schon müde gehn zur Ruh.

Joseph von Eichendorff

Herbstfeuer

Rings in allen Gärten,
die im Tale sind,
rauchen nun die Feuer
und der Herbst beginnt.

Fern ist nun der Sommer
und der Blumenduft.
Rote Feuer lodern.
Rauch steigt in die Luft.

Lobt den Lauf des Jahres
und den Wechsel auch!
Blumen bringt der Sommer
und der Herbst den Rauch!

Robert Louis Stevenson

Der Zug geht ab …

Der Vogelzug!
Wenn sich der Herbst ankündigt, dann bekommen die Zugvögel Reisefieber.
Die Schwalben zum Beispiel. Aufgeregt fliegen sie eines Tages umher.
Die Vögel aus der ganzen Gegend treffen sich.
Bald ist es ein Schwarm.
Die vielen Schwalben sitzen auf den Drähten der Stromleitungen.
Das ist ein Gewimmel und ein Geflatter!
Plötzlich heben sie ab. Die Vögel fliegen ein paar Runden.
Dann kommt Ordnung in das Durcheinander.
Der Schwarm hat sich zum Vogelzug „aufgestellt".
Die weite Reise beginnt.

Du wunderst dich? Im September, wenn die Schwalben abreisen,
ist es doch noch gar nicht kalt bei uns! Es gibt genügend
Mücken und Fliegen zu fangen. Aber nicht mehr lange!
Bald verkriechen sich die Insekten. Dann müssten die Schwalben
bei uns verhungern oder hungrig auf die Reise gehen.
Aber die Schwalben sind Blitzmerker – und die anderen Zugvögel natürlich auch.
Obwohl die Blätter grün sind und die Sonne scheint, spüren die Vögel etwas.
Wenn du aufpasst, merkst du es auch: Die Sonne scheint
nicht mehr so lange wie im Sommer! Es wird morgens später hell
und abends früher dunkel. Diese Lichtveränderung
lässt bei den Zugvögeln eine „innere Uhr" läuten: Abreise!
Jede Zugvogelart hat einen ganz bestimmten Reisetermin.
Der Kuckuck verlässt uns schon im August.
Die Schwalben fliegen im September los. Ab nach Afrika.
Bis dorthin sind es viele tausend Kilometer.
Das Meer muss überflogen werden. Tag und Nacht sind die Vögel unterwegs.
Wie gut, dass sie vor der Reise noch genug gefuttert haben!

Sigrid Bairlein/Christel Junker/Manfred Reichgold

Zugvögel

Es war einmal ein netter Kerl. Er hieß Arno. Arno liebte Tiere und Blumen und Käfer. In seinem Lieblingskäfer und mit seinem Hund Wolfgang machte Arno gern Ausflüge in die Natur. Arno versuchte zu helfen, wo er konnte.
Eines Abends, als Arno und Wolfgang von der Arbeit nach Hause kamen, hörten sie einen Riesenkrach. Im Baum vor ihrem Haus saß ein Schwarm Vögel und zwitscherte sich die Seele aus dem Leib. Arno wusste sofort Bescheid. „Wolfgang“, sagte er, „die Vögel haben den Vogelzug in den Süden verpasst. Wenn sie hier draußen bleiben, werden sie erfrieren. Wir müssen was tun!“ Wolfgang bellte zustimmend, obwohl er sich fragte, warum es für Vögel wohl Extrazüge gab.

Arno und Wolfgang beschlossen, den Vögeln Unterschlupf zu gewähren. Einen Vogel nach dem anderen holte Arno vom Baum und Wolfgang trug sie in der Einkaufstasche die Treppe hoch. Es waren so viele, dass Arno und Wolfgang Stunden brauchten, bis sie alle in der Wohnung hatten.

Und dann wurde es laut. Sehr laut. Und sehr eng. Arno und Wolfgang waren froh, dass es den Vögeln so gut ging. Aber vielleicht war die Wohnung doch ein bisschen zu klein für so viele Gäste. Die Vögel schien das nicht zu stören. Sie sahen fern und kochten oder lasen und zwitscherten vor Glück.

Als Arno am nächsten Tag vom Vogelfutterkaufen kam, hatte Wolfgang sich mit der Katze Sigrid aus dem Erdgeschoss angefreundet.
Arno mochte es erst gar nicht glauben. Die beiden konnten sich sonst nicht leiden. Jetzt standen sie zusammen auf der Straße und schauten zu Arnos Wohnung hinauf. Aus der kam ein Höllenkrach.

Die Wohnung war zu klein, die Vögel waren zu laut und Arno hatte eine Idee: Er teilte seinen Gästen mit, dass er sie in den Süden fahren würde.
Dann packte er seinen Koffer. Die Vögel zwitscherten erst vor Begeisterung, dann klatschten sie mit den Flügeln, wie sie es im Fernsehen bei einem Sinfonie-Konzert gesehen hatten. Für ein paar Minuten hörte man nur ein vornehmes Rascheln in der Wohnung. Dann wieder Krach.

In Arnos Käfer machten sie sich auf die Reise. Es war gar nicht so einfach, die vielen Vögel in dem kleinen Auto unterzubringen, doch alle rückten eng zusammen. Im Süden angekommen, verabschiedeten sich Arno und Wolfgang von ihren Gästen und die Vögel hatten Glück: Ein anderer Schwarm machte dort gerade Pause, dem schlossen sie sich an. Nach Afrika!

Arno und Wolfgang fuhren nach Hause und fast ein Jahr verging. Doch eines Tages kamen sie nach Hause, es war wieder Herbst und da … Was für eine Überraschung!

Nureeni Träbing

Die ganze Geschichte findest du hier.

Sankt Martin

Da draußen weht der Wind so kalt,
ein Bettler sitzt am Winterwald,
mit Lumpen nur bekleidet.
Gar frohgemut und sorgenfrei
kommt eine Reiterschar vorbei.
Der Bettler Kälte leidet.

Sankt Martin führt die Rotte an,
ein großer, starker Reitersmann
auf einem stolzen Schimmel.
Ein Mantel hüllt ihn schützend ein
und Raben krächzend ihn umschrein.
Es schneit aus hohem Himmel.

Der Bettler streckt die Hand empor
und bittet um ein willig Ohr,
erhebt sich von der Erde.
Sankt Martin hält die Rosse an
und vor dem armen Bettelmann
stehn Reiter still und Pferde.

Und mittendurch im Augenblick
teilt er den Mantel in zwei Stück –
tät sich nicht lang besinnen –
und reicht die eine Hälfte dann
dem überraschten Bettelmann
und wendet sich von hinnen.

Die Reiterknechte, rau und grob,
sind still und ganz erstaunt darob
und hören auf zu scherzen.
Sankt Martin reitet schweigend fort.
Der Bettler ruft ein Dankeswort
aus überfrohem Herzen.

Sankt Martin, edler Reitersmann,
rühr du auch unsre Herzen an,
damit sie froh sich weiten;
dass mit dem Nächsten in der Not
wir gerne teilen unser Brot,
so jetzt und alle Zeiten.

Nikolaus, komm in unser Haus

Nikolaus, komm in unser Haus,
pack die große Tasche aus,
lustig, lustig, traleralala,
heut ist Nikolausabend da,
heut ist Nikolausabend da.

Nikolaus ist ein guter Mann,
dem man herzlich danken kann,
lustig, lustig, traleralala,
heut ist Nikolausabend da,
heut ist Nikolausabend da.

Ich stell meinen Teller auf,
Nikolaus legt bestimmt was drauf,
lustig, lustig, traleralala,
heut ist Nikolausabend da,
heut ist Nikolausabend da.

Nikolaus, komm
in unser Haus,
pack ein,
was wir dir geben.

Nikolaus, nimm
von unserem Überschuss,
damit auch andere leben.

Nikolaus, wir
geben viel,
doch nicht genug,
es wird die Liebe fehlen.

Nikolaus, und
die ist knapp
und die ist rar,
du sollst sie uns mehren.

Nikolaus, komm
in unser Haus,
pack ein, was wir dir geben.

Paul Reding

Der Weihnachtsbär – ein Weihnachtsspiel

Ihr könnt euer eigenes Weihnachtsschauspiel gestalten.
Das ist der Kern der Geschichte.

In der Vorweihnachtszeit werden in einem Spielwarenladen alle neuen Spielsachen ausgepackt.
In vielen Kartons befinden sich elektronische oder aufziehbare Puppen, automatische Tiere, Roboter usw.
In einem Karton ist ein Teddybär.
So einer, wie es ihn schon immer gab.

Die Verkäuferinnen und Verkäufer unterhalten sich über die neuen Superspielsachen und sind wenig begeistert von dem Teddybären, der nichts Besonderes ist.

Dann kommen einige Kinder in den Laden, um sich umzusehen und zu überlegen, was sie sich zu Weihnachten wünschen könnten.

Ein Kind findet den Teddybären besonders schön.

In der Nacht werden die Spieltiere lebendig.
Alle geben an, wie toll sie von den Kindern gefunden wurden.
Nur der Teddybär sagt wenig.

Am nächsten Tag kommt ein älteres Paar in den Laden, um ein Geschenk für sein Enkelkind zu suchen.
Verkäuferinnen und Verkäufer empfehlen die Neuheiten.
Die beiden alten Leute finden den Teddybären aber besonders nett, weil sie selbst so einen ähnlichen hatten.
Sie kaufen den Bären.
Am Weihnachtsabend wird der Bär verschenkt.
Das Kind, das den Bären auspackt, ist das Kind, das ihn im Laden so besonders schön fand.
Das Kind freut sich ganz besonders.

1 Überlegt, welche elektronischen Spielsachen ihr kennt.
Welche könnten in dem Stück vorkommen?
Beispiele: eine sprechende Puppe; ein Papagei, der alles nachspricht; ein Roboter; ein Drache …

2 Jedes Kind entscheidet sich für eine Rolle. Probiert eine Szene aus.

3 Sprecht frei und geht auf das ein, was andere Kinder in ihrer Rolle sagen.
Spielt euch gegenseitig die verschiedenen Szenen vor.

1 Überlegt nach dem ersten Ausprobieren,
wie ihr die einzelnen Szenen ausgestalten könnt.

Überblick über die Szenenfolge

	Wer?	Wo?	Was passiert?
1. Szene	Verkäuferinnen Spieltiere: automat. Puppe, Papagei, Nachsprecher, Drache, Roboter, Teddybär	Spielwaren-laden	Verkäuferin packt aus, kommentiert
2. Szene	Verkäuferin, Kinder	Spielwaren-laden	Kinder bewundern die Spielzeuge, bekommen sie vorgeführt
3. Szene	Spielzeuge	Spielwaren-laden	Spielzeuge werden leben-dig, geben an
4. Szene	Verkäuferin, Spiel-zeuge, Kunden (Oma und Opa)	Spielwaren-laden	Großeltern suchen Geschenk, Vorführung der Spielzeuge, sie werden an die eigene Kindheit erinnert, Publikumsbefragung
5. Szene	Großeltern, Eltern, Enkelkind, Teddy-bär	Wohnung	das Geschenk wird über-reicht, Freude, Bärenlied

2 Wenn ihr die einzelnen Szenen
einige Male gespielt habt,
legt ihr die Rollenbesetzung
für die Vorführung fest.

3 Überlegt, welche Kostüme
und Requisiten ihr braucht.

4 Spielt die Geschichte.
Zu eurer Aufführung könnt ihr
andere Kinder oder die Eltern einladen.

Weihnachten

Was würdest du machen, wenn Weihnachten wär
und kein Engel würde singen.
Es gäbe auch keine Geschenke mehr,
kein „Süßer die Glocken nie klingen“.
Im Fernsehen hätte der Nachrichtensprecher
Weihnachten glatt vergessen.
Und niemand auf der ganzen Welt
würde Nürnberger Lebkuchen essen.
Die Nacht wäre kalt.
Dicke Schneeflocken fielen,
als hätt sie der Himmel verloren.
Und irgendwo in Afghanistan
würde ein Kind geboren.
In einem Stall, stell es dir vor.
Die Eltern haben kein Haus.
Was glaubst du, wie ginge wohl dieses Mal
eine solche Geschichte aus?

Jutta Richter

Silvester

Silvester

Einen Tag noch hat das Jahr,
vierundzwanzig lange Stunden.
Was gewesen ist, das war.
Hab verloren, hab gefunden.
Hab geweint und hab gelacht,
bin auch manchmal hingefallen,
aber heute, heute Nacht
werden viele Böller knallen.
Böse Geister laufen fort.
Gute Geister bleiben da.
Und man wünscht an jedem Ort
sich ein frohes neues Jahr!

Jutta Richter

Wo die Kälte herkommt

Ganz weit oben in Nordgrönland
sitzt auf einem Eisberg
die Kältehummel.
Sie ist zwanzigtausend Kilo schwer
und möchte gerne fliegen.
Ihre Flügel sind aber viel zu schwach.

Trotzdem lässt sie sie dauernd
auf und ab schwirren,
weil sie hofft, es gelingt ihr eines Tages doch.
Dadurch bewegt sie die eiskalte Luft so stark,
dass sie bis zu uns kommt.

Den ganzen Winter lang
übt die Kältehummel,
bis sie im Frühling erschöpft einschläft.
Zum Glück,
denn sonst hätten wir keinen Sommer.

Im Sommer schläft die Kältehummel
und träumt, sie könne fliegen.

Ein Schläuling, der nicht gerne fror,
schickte ihr einmal
ein großes Paket voll Schlaftabletten,
weil er hoffte,
sie schlafe dann auch im Winter.

Aber der Briefträger war ein Eisbär
und der war so neugierig,
dass er das Paket aufmachte
und alle Tabletten selber schluckte.

Seither wird in Nordgrönland
keine Post mehr ausgetragen,
denn der Eisbär schläft noch heute.

Und weil er der Einzige ist,
der weiß,
wo die Kältehummel wohnt,
kann niemand genau sagen,
wie es ihr jetzt geht.

Aber solang es jedes Jahr Winter wird,
können wir annehmen,
dass sie noch lebt.

Franz Hohler

Rechtschreib-Training

Richtig abschreiben

So schreibst du einen Text richtig ab:

1. **Lies** einen Satz **genau** und sprich deutlich mit.
2. **Merke** dir **besondere Wörter**.
3. **Decke** so viele Wörter **ab**,
   wie du dir merken kannst.
4. **Schreibe** und sprich die Wörter leise mit.
5. **Vergleiche genau**.
6. Ist ein Wort **nicht richtig** geschrieben,
   streiche es durch und schreibe es **neu**.

Ferien

Nach den Ferien erzählen die Kinder
von ihren Erlebnissen.
Sophie war in Holland am Meer.
Paul kann schon viele Wörter
in französischer Sprache verstehen.
Marie hat in der Schweiz
einen hohen Berg bestiegen.
Falk ist mit seinen Eltern in Deutschland geblieben.
Sie sind gewandert und haben in Zelten übernachtet.

Ferien auf dem Land

Aron macht zum ersten Mal Ferien
auf einem Bauernhof.
Lange schaut er den Kühen
beim Wiederkäuen zu.
Dann fragt er die Bäuerin: „Ist es nicht zu
teuer, so große Tiere mit Kaugummis
zu versorgen?“

Beachte die Abschreibregeln.

Rechtschreib-Training

Abschreibheft

So übst du einen Text mit deinem Abschreibheft:

1. **Stecke** den Abschreibtext in die Folientasche.
2. **Lies** einen Satz **genau** und sprich deutlich mit.
3. **Merke** dir **besondere Wörter**.
4. **Schreibe** den Satz in dein Heft
   und sprich die Wörter leise mit.
5. Nimm den Text aus der Folientasche
   und **vergleiche genau**.
6. Ist ein Wort **nicht richtig** geschrieben,
   streiche es durch und schreibe es **neu**.

Fußball

Fußball ist ein Spiel für zwei Mannschaften.
Jede Mannschaft versucht den Ball
in das Tor des Gegners zu schießen.
Nur der Torhüter darf den Ball absichtlich
mit den Händen berühren.
Ein Schiedsrichter passt auf,
dass alle Spieler die Regeln einhalten.
Manche Fußballspiele sind sehr aufregend.

Fahrrad fahren

Nico saust mit seinem Fahrrad die
Straße entlang. Ein Ast liegt im Weg.
Nico kann nicht mehr ausweichen
und fällt auf die Nase.
„Bist du gestürzt?", fragt
eine Dame ängstlich.
„Nein", antwortet Nico. „Ich steige
immer so aus dem Sattel."

Schreibe die Texte.

Rechtschreib-Training

Schleichdiktat

So übst du einen Text mit dem Schleichdiktat:

1. **Lege** den Text an eine Stelle in der Klasse.
2. Schleiche zu dem Text.
   Lies einen Satz **genau** und sprich deutlich mit.
3. **Merke** dir **besondere Wörter**.
4. Schleiche zurück zu deinem Platz.
   Schreibe und sprich die Wörter leise mit.
5. Schreibe so den ganzen Text.
6. **Vergleiche** deinen Text **genau**
   mit dem Abschreibtext.
7. Ist ein Wort **nicht richtig** geschrieben,
   streiche es durch und schreibe es **neu**.

Katzen als Haustiere

Bereits im alten Ägypten lebten Katzen
als Haustiere.
Obwohl sich Katzen nicht einsperren lassen,
bleiben sie bei den Menschen.
Wenn sie einen warmen Platz im Haus
und Pflege erhalten, dann spielen sie
mit den Kindern und jagen Mäuse.

Schuppen

Ein großer Fisch und ein kleiner Fisch
treffen sich im Aquarium.
Der große Fisch fragt den kleinen:
„Kannst du mir mal deinen Kamm leihen?"
Darauf antwortet der kleine Fisch: „Nein,
du hast zu viele Schuppen."

Schreibe die Texte.

Rechtschreib-Training

Partnerdiktat

So üben Flipp und Flo gemeinsam einen Text:

Flipp und Flo **lesen** zusammen den Text.

Flipp **diktiert**
langsam und deutlich
ein Wort oder mehrere Wörter.

Flo **hört genau zu**
und **schreibt** dann
das Wort oder die Wörter.

Flipp **schaut genau**,
was Flo schreibt.

Flo **fragt** nach,
wenn sie ein Wort nicht schreiben kann.

Sieht Flipp einen **Fehler**,
sagt er sofort: „**Stopp**!“

Flo **streicht** das falsche Wort **durch**,
überlegt und **schreibt** es **neu**.

Flipp und Flo **tauschen** ihre Rollen.

Die Brüder Grimm

Zwei Brüder mit dem Namen Grimm lebten
vor ungefähr 200 Jahren.
Weil es damals kein Fernsehen und
keine Computer gab, hatten die Menschen
viel Zeit, Märchen zu erzählen.
Die Brüder Grimm fanden die Geschichten
ganz toll.
Sie hatten aber Angst, die Menschen
könnten die Märchen vergessen.
Daher beschlossen die beiden,
die Märchen aufzuschreiben.

Im Märchenland

Im Märchenland gibt es fleißige Zwerge,
faule Königstöchter,
mutige Schneider,
ängstliche Räuber,
fröhliche Geißlein,
traurige Wölfe,
hübsche Prinzessinnen
und hässliche Enten.
Und wenn die Märchenfiguren nicht
gestorben sind, dann leben sie
noch heute.

Übt die Texte wie Flipp und Flo.

Rechtschreib-Training

Nachschlagen in der Wörterliste

1 Welcher Buchstabe fehlt?

1. A ___ C 2. G ___ I 3. M ___ O 4. Q ___ S 5. T ___ V 6. V ___ X

2 Ordne die Wörter nach dem Abc.
Schreibe sie geordnet auf.

Fußball	Buch	Kuh	springen
Film	breit	kitzeln	singen
Fahrrad	bauen	kaputt	schwingen
Flugzeug	Bett	krank	Schule
Freundin	Blume	kleben	Schale

3 Suche die fehlenden Wörter.

Kette	reiten	euch	Lampe	fahren
Kino	Rezept	Faden	lang	Fahrt

4 Schreibe die Wörter mit dem Artikel auf.

Rechtschreib-Training

Erst nachdenken – dann nachschlagen

1 Suche die **Nomen** in der Wörterliste.
Auf welcher Seite stehen sie?

Väter | Bilder | Katzen | Stücke | Busse | Witze

Was fällt dir auf?

2 Schlage die **zusammengesetzten Nomen** nach.
Schreibe sie auf.

3 Suche die **Verben** in der Wörterliste.
Schreibe sie mit diesen Formen auf: *lächeln, er lächelte, sie hat gelächelt*

er lächelte | er arbeitete | er suchte | er passte auf

er lag | er sah | er flog | er trug | er fuhr

gegessen | geklebt | geblieben | gestanden

4 Suche die **Adjektive** in der Wörterliste.
Schreibe sie mit den Steigerungsformen auf: *dick, dicker, am dicksten*

die dickste Kartoffel | der weiteste Weg | die schwierigste Aufgabe

die engste Stelle | das älteste Kind | die beste Spielerin

5 Neben welchen Wörtern findest du am meisten ?

Rechtschreib-Training

Kontrollieren und korrigieren

1 Vergleiche den abgeschriebenen Text mit der Vorlage.
Fünf Wörter sind falsch geschrieben. Schreibe die falschen Wörter richtig auf.

Flo hat den Text in ihr Abschreibheft geschrieben. Bevor sie ihn der Lehrerin zeigt, vergleicht sie die beiden Texte noch einmal.

- sie ist liep
- er schleft
- er träkt die Tasche
- der Zwerch
- das Ketzchen
- das Flukzeug
- sie fellt hin
- er treumt
- der Könich
- das Boot singt
- die Santburg

2 Lies die Wörter in den Kästchen.
Welche verwandten Wörter können dir helfen?
Korrigiere: *lieben* – *sie ist lieb*

Rechtschreib-Training

Paula zeltet

Paula und ihre große Schwester
bauen im Garten ein Zelt auf.
Sie wollen in den Ferin draußen schlafen.
Als das Zelt endlich steht,
tragn sie alle Sachen hinein,
die sie für die Nacht bauchen.
Am Abend krieschen sie ins Zelt.
Ihre Mama geht auch ins Bet.
Mitten in der Nacht spürt Mama plözlich
jemanden neben sich.
„Paula?“, flüstert sie und deckt ihre tochter zu.

Flo ist bei manchen Wörtern unsicher. Sie hat diese Wörter gekennzeichnet.

1 Kontrolliere die markierten Wörter durch Nachdenken oder Nachschlagen. Schreibe die falschen Wörter richtig auf.

Flipp hat einige Wörter falsch geschrieben. Die Striche am Rand zeigen dir, in welchen Zeilen Fehler sind.

Paula hat viel zu tun

Paula macht ihre Hausaufgaebn
imer gleich nach der Schule.
Heute ist das aber nicht möglich.
Paula mss sich dringend zuerst
um ihre Schnecken kümmern.
Außerdem muss sie noch den gelben Ball suchen.
Da klingelt es an der haustür.
Paul hlot Paula zum Fußballtraining ab.
Mutti schüttelt nur mit dem Kopf.

2 Welche Wörter sind falsch geschrieben? Kontrolliere durch Nachdenken oder Nachschlagen. Schreibe die falschen Wörter richtig auf.

Nomen

Wörter, die Personen, Gegenstände, Tiere und Pflanzen bezeichnen, nennt man **Nomen**.
Nomen schreibt man mit einem **großen** Anfangsbuchstaben.
Nomen können einen **Artikel** haben: **der** **die** **das** **ein** **eine**.
Nomen gibt es in der **Einzahl** und in der **Mehrzahl**.

1 Ordne die Gegenstände in einer Tabelle:

Kleidung	***Spielzeug***	***Schulsachen***	***Instrumente***
der Pullover	*der Ball*	*das Heft*	*die Trommel*

2 Suche zu jedem Oberbegriff weitere Nomen.
Markiere den ersten Buchstaben der Nomen.

3 Suche weitere passende Nomen zu diesen Oberbegriffen:
Personen | Tiere | Pflanzen

ein kleiner tiger soll im zirkus auftreten.
ängstlich betritt er mit den anderen tieren die manege.
er fragt einen alten tiger:
„warum starren uns die zuschauer so an?“
der alte tiger antwortet:
„du brauchst dich nicht zu fürchten.
die leute sind doch alle hinter gittern.“

4 Achte auf die Großschreibung der Nomen und der Satzanfänge.

Rechtschreib-Training

Zusammengesetzte Nomen

Schlüssel Loch Ohr Ring

Stuhl Lehne Fisch Schuppen

Bilder Rahmen Topf Pflanze

1 Setze die Wörter zusammen.
Markiere das Ende des ersten Wortes
und den Anfang des zweiten Wortes.
das Schlüsselloch

2 Was fällt dir auf?

Laubaum Honiglas Kinderad Festag Fußohle

3 Hier haben sich Fehler eingeschlichen.
Schreibe zuerst die beiden Nomen getrennt voneinander auf.
Schreibe dann die zusammengesetzten Nomen richtig auf.
Laub + *Baum* → *Laubbaum*

ein ameisenstamm überfällt einen
elefanten.
der elefant schüttelt die kleinen tiere ab.
sie fallen auf den boden.
nur eine ameise klammert sich tapfer
am hals des elefanten fest.
die anderen ameisen rufen:
„bravo, erwin!
nimm ihn in den schwitzkasten!“

4 Achte auf die Großschreibung der Nomen und der Satzanfänge.

Rechtschreib-Training

Verben

Verben zeigen an, ob etwas **jetzt geschieht** (Gegenwart) oder ob etwas **schon geschehen ist** (Vergangenheit).
Verben stehen in der **Gegenwartsform**, wenn wir von etwas sprechen, **das jetzt geschieht**.
Verben stehen in einer **Vergangenheitsform**, wenn wir von etwas sprechen, **das schon geschehen ist**.

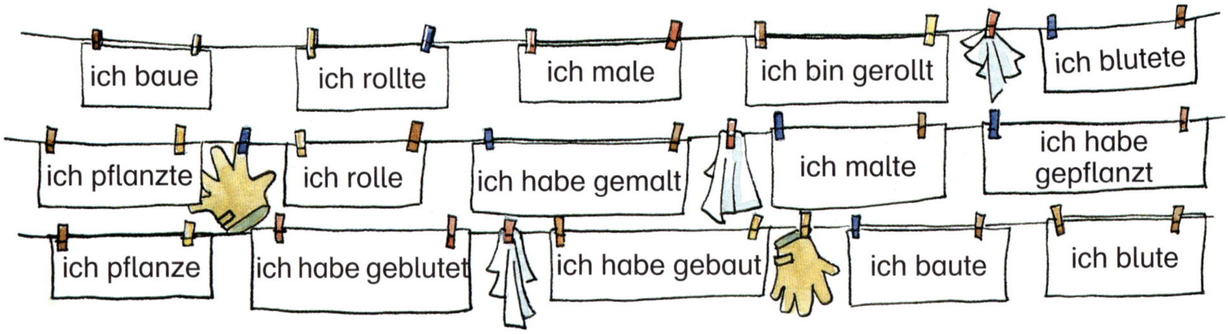

1 Drei Formen gehören immer zusammen. Ordne sie in einer Tabelle:

Gegenwart	***Vergangenheit***	
ich baue	*ich baute*	*ich habe gebaut*

Manche **Verben** verändern ihre Form in der Vergangenheit nur schwach.

ich spiele | sie hüpft | er klettert | sie jubeln | wir lachen | es schmeckt | sie hören auf

2 Ergänze die beiden Vergangenheitsformen. Schreibe sie auf und markiere den Wortstamm.

ich spiele – ich spielte – ich habe gespielt

Der Stürmer haut den Ball ins Tor.

Die Fans auf der Südtribüne jubeln.

3 Forme die Sätze in beide Vergangenheitsformen um. Schreibe sie auf und markiere den Wortstamm.

Rechtschreib-Training

sie zieht | sie zog | sie nimmt | sie hat genommen | sie vergaß
sie vergisst | sie nahm | sie hat gezogen | sie hat vergessen

1 Drei Formen gehören immer zusammen. Ordne sie in einer Tabelle:

Gegenwart	***Vergangenheit***	
sie zieht	*sie zog*	*sie hat gezogen*

Manche **Verben** verändern ihre Form in der Vergangenheit stark.

wir sitzen | sie pfeift | er riecht
sie rennen | wir essen | es beginnt
ich gehe | es springt

2 Ergänze die beiden Vergangenheitsformen.
Schreibe sie auf.
wir sitzen – wir saßen – wir haben gesessen

Ein Reporter berichtet:

Sonja Otto nimmt heute zum ersten Mal
an einem Springturnier teil.
Sie reitet auf einem stolzen Haflinger.
Mit Leichtigkeit springt ihr Pferd „Salamander"
über die Hindernisse. Doch was ist das?
Am letzten Hindernis fällt die oberste Stange.
Trotzdem eine tolle Leistung!

3 Sonjas Ritt wird am nächsten Tag in der Zeitung beschrieben.
Schreibe den Zeitungsartikel weiter.
Benutze die Vergangenheitsformen.

Premierenritt im Reitstadion
Sonja Otto nahm gestern zum …

Rechtschreib-Training

Adjektive

Adjektive beschreiben, wie etwas ist.
Zu vielen **Adjektiven** gibt es Wörter, die das **Gegenteil** sagen.
Mit **Adjektiven** kann man oft vergleichen.

	Seeadler	Kolkrabe	Uhu
Größe	1 m	64 cm	65–75 cm
Länge	75–90 cm	65 cm	70 cm
Gewicht	4–7 kg	1–1,5 kg	3 kg
Flügelspannweite	2,4 m	1 m	1,70 m

1 Vergleiche die Tiere miteinander.
Der Seeadler ist leicht.
Der Uhu ist leichter.
Der Kolkrabe ist am leichtesten.

leicht | groß | lang | breit

Durst | Gift | Frieden | Kraft | Angst | Winter | Sand | Sport

2 Bilde zu jedem Nomen ein Adjektiv.
Durst – durstig, …

3 Ordne den Adjektiven Nomen zu.
der durstige Mann, …

Mitten im Wald steht ein (einsames) (großes) (kleines) (…) Haus.
Neben dem Haus stehen drei (winzige) (riesige) (schiefe) (…) Bäume.
Zwischen den Bäumen schleicht eine (kräftige) (dünne) (…) Katze herum.
Oben im Baum befindet sich ein (scheues) (ängstliches) (freches) (…) Eichhörnchen.
Die Katze bleibt stehen und guckt (…).

4 Wähle jeweils ein Adjektiv aus. Schreibe den Text.

5 Vergleicht eure Ergebnisse.

Rechtschreib-Training

Wortfamilien

1 Schreibe die Wörter ab.
Markiere den Wortstamm SPIEL : *Fußballspiel, spielen, …*

2 Suche weitere Wörter mit dem Wortstamm SPIEL .
Schreibe sie auf. Unterstreiche den Wortstamm.

3 Bilde Sätze mit den Wörtern.

4 Jede Wortfamilie hat einen „Gast“ versteckt, der nicht dazugehört.
Finde den „Gast“.

5 Schreibe die Wortfamilien ab.
Unterstreiche jeweils den Wortstamm.

6 Bildet Wortfamilien und versteckt einen „Gast“.
Lasst andere Kinder die „Gäste“ finden.

Rechtschreib-Training

Satzschluss-Zeichen

Am Ende eines Satzes musst du ein Zeichen setzen:

- **?** bei einer Frage,
- **!** bei einem Ausruf,
- **.** bei einer Aussage,
- **.** oder **!** bei einer Aufforderung.

Pit geht mit seinem Vater in den Zoo ▭

Pit: Schau mal, Papa ▭
Der alte Affe sieht aus
wie Onkel Holger ▭

Papa: Aber Pit ▭
So was sagt man nicht ▭

Pit: Warum ▭
Der Affe versteht das doch
gar nicht ▭

„Tommy“, schreit die Mutter, „eben habe ich in deiner Hosentasche einen lebenden Frosch gefunden ▭“
„Was“, erschrickt Tommy, „die Mäuse sind nicht mehr drin ▭“

1. Lies die Texte.
2. Trage einem anderen Kind die Texte vor.
3. Schreibe die Texte mit den Satzschluss-Zeichen auf.

Aussage	**Frage**	**Aufforderung**
Ich spiele mit dir.	Spielst du mit mir?	Spiel mit mir!
	Trägst du den Text vor?	
		Sprecht leise miteinander!
Ich schreibe einen Text.		

4. Schreibe die fehlenden Sätze mit den passenden Satzschluss-Zeichen auf.

Wörtliche Rede

Steht der **Begleitsatz vor der wörtlichen Rede**, folgt ein **Doppelpunkt :** .
Anfang und Ende der **wörtlichen Rede** sind durch **Redezeichen „…“** gekennzeichnet.

Timmy seufzt	Das wird bestimmt wieder ein langweiliger Nachmittag.
Nico antwortet	Kann ich da mitkommen?
Timmy fragt	Bei mir nicht! Ich gehe heute zum Schwimmtraining.
Nico sagt	Klar! Ich fahre aber schon um 15.00 Uhr los.

1 Ordne die wörtlichen Reden den Begleitsätzen zu.
Schreibe das Gespräch auf.
Setze die fehlenden Redezeichen und markiere sie.
Timmy seufzt: „Das wird …

2 Schreibe das Gespräch weiter.

Ich gehe um drei zum Sportplatz.
Und ich muss zum Zahnarzt.
Du kannst doch nachkommen, wenn du fertig bist.
Wie lange spielt ihr denn Fußball?

3 Ergänze die Begleitsätze.
Schreibe das Gespräch auf.
Setze die fehlenden Redezeichen und markiere sie.
Timmy sagt: „Ich gehe um drei zum Sportplatz.“

Rechtschreib-Training

Wörter verlängern und ableiten

der Hu… der Kor… der Köni… das Hem…
gel… star… kur… kal…

1 Verlängere die Wörter.
Schreibe die Wörter richtig auf und markiere. *die Hüte der Hut*

es stin…t sie tan…t du sa…st er blei…t
sie brin…t es trei…t du den…st es gie…t

2 Bilde die Grundformen der Verben.
Schreibe die Wörter richtig auf und markiere. *stinken es stinkt*

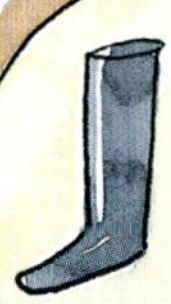

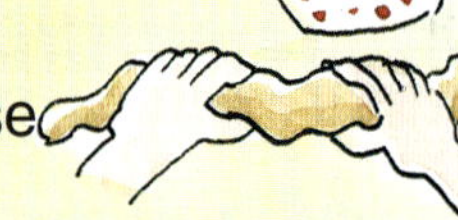

die Bra…wurst das Schrei…heft
der Rei…stiefel die Schla…sahne
das Rau…tier die Kne…masse

3 Bilde die Grundformen der Verben.
Schreibe die Wörter richtig auf und markiere. *braten die Bratwurst*

die Nor…see der Wu…anfall der Kor…macher
die Antwor…karte die Lan…karte die Hal…schmerzen

4 Schreibe die Wörter richtig auf und markiere: *Norden die Nordsee*

Rechtschreib-Training

Vorsilben

Bausteine für die Vorsilben VER **und** VOR

lassen | zaubern | treten | zeichnen | sagen

hang | schrift | sicht | brechen

mittag | fahrt | name | stand | band

1 Setze die Wortbausteine VER und VOR ein.
Schreibe die Wörter auf und markiere die Vorsilben.
Achte auf die Groß- und Kleinschreibung.
verlassen, vorlassen, …

2 Bilde Sätze mit den Wörtern.

ab / weg / um  werfen

weg / ver / mit  bringen

3 Ordne die passende Vorsilbe dem Verb zu.

Bausteine für die Vorsilben AUF ZU BE ER **und** AUS

schreiben | machen | sagen | finden | halten

suchen | geben | wachsen | zeichnen | stehen

4 Ordne die passenden Vorsilben den Verben zu.

5 Schreibe Sätze mit den neu gebildeten Verben.
Ich muss mir die Hausaufgaben aufschreiben.

Doppelte Mitlaute

knallen | Mutter | Tonne | Sonne | dumm | Keller

Butter | Teller | nett | Stamm | Riss

Kamm | stumm | rennen | schnell | Bett | brennen

hell | fallen

1 Schreibe die Wörter in eine Tabelle.

tt	*nn*	*ll*	*mm*
Mutter	*Tonne*	*Keller*	*Stamm*

2 Sprecht euch die Wörter gegenseitig vor. Was fällt euch auf?

3 Markiere den kurzen Selbstlaut und den doppelten Mitlaut.

4 Suche weitere Wörter mit kurzem Selbstlaut und doppeltem Mitlaut. Trage sie in die Tabelle ein und markiere.

5 Bilde die Wortfamilien. Markiere den Wortstamm.
Nuss, Nussbaum, …

6 Bilde weitere Wortfamilien zu Wörtern mit doppeltem Mitlaut.

Mutter | Klasse | … | …

S. 203

Wörter mit tz und ck

Katze | Bäcker | spitz | bücken | Mütze | Brücke
Glück | kratzen | drucken | Pfütze | Dackel | platzen
pflücken | hetzen | Schnecke | Netz | Decke | schmatzen

1 Schreibe die Wörter in eine Tabelle.

tz	*ck*
Katze	*Bäcker*

2 Sprecht euch die Wörter gegenseitig vor. Was fällt euch auf?

3 Markiere den kurzen Selbstlaut und das **tz** oder **ck** .

4 Suche weitere Wörter mit kurzem Selbstlaut und **tz** oder **ck** . Trage sie in die Tabelle ein und markiere.

5 Bilde Wortfamilien mit tz und ck. Markiere den Wortstamm.
putzen, Putzeimer, …

Rechtschreib-Training

Wörter mit ie

lief | gießen | Brief | schließen | fliegen | liegen

schießen | schlief | siegen | tief | fließen | wiegen

1 Suche die Reimwörter.
Schreibe sie untereinander.

2 Sprecht euch die Wörter gegenseitig vor.
Was fällt euch auf?

3 Markiere das lang gesprochene ie.

4 Suche noch andere Wörter mit ie.
Schreibe sie auf und markiere.

Ich liege im Bett.	*Du liegst im Bett.*	
	Du spielst Fußball.	
		Er schließt die Tür auf.
Ich gieße die Blumen.		
	Du fliegst nach Amerika.	

5 Schreibe die Sätze in den verschiedenen Formen auf.
Markiere das ie in den Verben.

6 Bilde die Wortfamilie.
Markiere den Stamm.
Liebesbrief, …

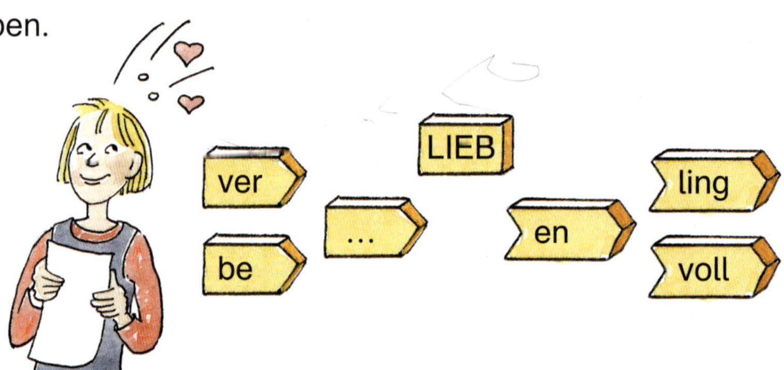

Rechtschreib-Training

Silbentrennung

To- ma- ten- sa- lat

1 Sprich die langen Wörter in der Robotersprache. Klatsche dabei in die Hände.

le-sen
schreiben
sagen
zeichnen
laufen
fliegen

Pa-pa-gei
Krokodil
Kaninchen
Blaumeise
Salamander

I-gel
Abend
Idee
Elefant
Ozean
Ananas

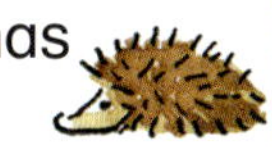

Sup-pe
Mutter
Rüssel
summen
fallen
tippen

Tas-te
Kruste
Kasten
basteln
flüstern
lustig

Tat-ze
Katze
Mütze
kratzen
setzen
schwitzen

Mü-cke
Schnecke
Dackel
drucken
pflücken
schmecken

Haus-tür
Raubtier
Hochbett
Limoglas
Paddelboot
Brennnessel

2 Trenne die Wörter. Klatsche dabei.

3 Schreibe die Wörter mit Trennstrichen auf.

4 Suche weitere Wörter und trenne sie.

Wörterliste

Aa

der Abend, die Abende
aber
der Abfall, die Abfälle
der Abflug, die Abflüge
abstürzen, er stürzte ab, sie ist abgestürzt
ähnlich, ähnlicher, am ähnlichsten
alle
allein
alles
als
alt, älter, am ältesten
die Ameise, die Ameisen
an
anders
die Angst, die Ängste
ängstlich, ängstlicher, am ängstlichsten
anhalten, er hielt an, sie hat angehalten
der Apfel, die Äpfel
arbeiten, er arbeitete, sie hat gearbeitet
ärgern, er ärgerte, sie hat geärgert
arm, ärmer, am ärmsten
Asien
der Ast, die Äste
auch
auf
auffallen, er fiel auf, sie ist aufgefallen
aufgeregt, aufgeregter, am aufgeregtesten
aufheben, er hob auf, sie hat aufgehoben
aufpassen, er passte auf, sie hat aufgepasst
aufräumen, er räumte auf, sie hat aufgeräumt
aufregend, aufregender, am aufregendsten
das Auge, die Augen
aus
der Ausländer, die Ausländer

Bb

backen, er backte, sie hat gebacken
der Bäcker, die Bäcker
baden, er badete, sie hat gebadet
bald
der Ball, die Bälle
der Bär, die Bären
der Bauch, die Bäuche
bauen, er baute, sie hat gebaut
der Bauer, die Bauern
der Baum, die Bäume
beginnen, er begann, sie hat begonnen
behalten, er behielt, sie hat behalten
das Bein, die Beine
beißen, er biss, sie hat gebissen
bekommen, er bekam, sie hat bekommen
benutzen, er benutzte, sie hat benutzt
der Berg, die Berge

der Besen, die Besen
das Bett, die Betten
die Beute
bewegen, er bewegte, sie hat bewegt
der Bewohner, die Bewohner
bezahlen, er bezahlte, sie hat bezahlt
die Biene, die Bienen
das Bild, die Bilder
billig, billiger, am billigsten
bissig, bissiger, am bissigsten
bitten, er bat, sie hat gebeten
bleiben, er blieb, sie ist geblieben
der Blitz, die Blitze
blitzen, es blitzte, es hat geblitzt
die Blüte, die Blüten
der Boden, die Böden
der Brand, die Brände
brauchen, er brauchte, sie hat gebraucht
brennen, es brannte, es hat gebrannt
bringen, er brachte, sie hat gebracht
das Brot, die Brote
der Bruder, die Brüder
der Brunnen, die Brunnen
das Buch, die Bücher
die Burg, die Burgen
bürsten, er bürstete, sie hat gebürstet
der Bus, die Busse
buschig

Cc

der Chinese, die Chinesen
der Comic, die Comics
der Computer, die Computer
der Cowboy, die Cowboys

Dd

da
das Dach, die Dächer
dann
das
den
denken, er dachte, sie hat gedacht
denn
der
deshalb
der Detektiv, die Detektive
deutlich, deutlicher, am deutlichsten
dick, dicker, am dicksten
die
der Dieb, die Diebe
der Dienst, die Dienste
das Dorf, die Dörfer
draußen
das Drehbuch, die Drehbücher
drehen, er drehte, sie hat gedreht
drücken, er drückte, sie hat gedrückt

der Drucker, die Drucker
du
dumm, dümmer, am dümmsten
durch
dürfen, er durfte, sie hat gedurft
der Durst
durstig, durstiger, am durstigsten

Ee

das Ei, die Eier
der Eimer, die Eimer
ein
einmal
eisig, eisiger, am eisigsten
der Elefant, die Elefanten
endlich
eng, enger, am engsten
entdecken, er entdeckte, sie hat entdeckt
die Ente, die Enten
er
die Erde
der Erfinder, die Erfinder
erhitzen, er erhitzte, sie hat erhitzt
ernten, er erntete, sie hat geerntet
erst
erzählen, er erzählte, sie hat erzählt
es
der Esel, die Esel
der Eskimo, die Eskimos
das Essen, die Essen
essen, er aß, sie hat gegessen
etwas
euch
Europa

Ff

der Faden, die Fäden
die Fahne, die Fahnen
fahren, er fuhr, sie ist gefahren
das Fahrrad, die Fahrräder
die Fahrt, die Fahrten
fallen, er fiel, sie ist gefallen
fangen, er fing, sie hat gefangen
die Farbe, die Farben
faul, fauler, am faulsten
die Feder, die Federn
der Feind, die Feinde
das Fenster, die Fenster
die Ferien
der Fernseher, die Fernseher
fertig
fest, fester, am festesten
das Feuer, die Feuer
der Film, die Filme
finden, er fand, sie hat gefunden
der Fisch, die Fische
das Fleisch
fleißig, fleißiger, am fleißigsten
fliegen, er flog, sie ist geflogen
fließen, es floss, es ist geflossen
die Flimmerkiste, die Flimmerkisten
flitzen, er flitzte, sie ist geflitzt
das Flugzeug, die Flugzeuge
der Fluss, die Flüsse

die Frau, die Frauen
fremd, fremder, am fremdesten
fressen, er fraß, sie hat gefressen
der Freund, die Freunde
die Freundin, die Freundinnen
freundlich, freundlicher, am freundlichsten
die Freundschaft
friedlich, friedlicher, am friedlichsten
frieren, er fror, sie hat gefroren
froh, froher, am frohesten
fröhlich, fröhlicher, am fröhlichsten
die Fröhlichkeit
früh, früher, am frühesten
für
der Fuß, die Füße
das Futter
füttern, er fütterte, sie hat gefüttert

Gg

das Gänseblümchen, die Gänseblümchen
ganz
der Garten, die Gärten
das Gebäude, die Gebäude
geben, er gab, sie hat gegeben
der Gedanke, die Gedanken
das Gedicht, die Gedichte
die Gefahr, die Gefahren
gefallen, er gefiel, sie hat gefallen
das Geheimnis, die Geheimnisse
gehen, er ging, sie ist gegangen
der Geist, die Geister
gelb
das Geld
gemein, gemeiner, am gemeinsten
das Gemüse
gemütlich, gemütlicher, am gemütlichsten
gepflegt, gepflegter, am gepflegtesten
das Gerät, die Geräte
das Gericht, die Gerichte
die Geschichte, die Geschichten
das Geschirr
gewinnen, er gewann, sie hat gewonnen
das Gewitter, die Gewitter
gießen, er goss, sie hat gegossen
giftig, giftiger, am giftigsten
das Gitter, die Gitter
gleich
glücklich, glücklicher, am glücklichsten
graben, er grub, sie hat gegraben
das Gras, die Gräser
die Großmutter, die Großmütter
gucken, er guckte, sie hat geguckt
(auch: kucken)
gut, besser, am besten

Hh

haben, er hatte, sie hat gehabt
der Hahn, die Hähne
halb
der Hals, die Hälse
halten, er hielt, sie hat gehalten
die Hand, die Hände
handeln, er handelte, sie hat gehandelt
hängen, er hing, sie hat gehangen
der Hase, die Hasen
hässlich, hässlicher, am hässlichsten
hauen, er haute, sie hat gehauen
das Haus, die Häuser
die Hausaufgabe, die Hausaufgaben
häuten, er häutete, sie hat gehäutet
heben, er hob, sie hat gehoben
heimlich
heiß, heißer, am heißesten
heißen, er hieß, sie hat geheißen
heiter, heiterer, am heitersten
heizen, er heizte, sie hat geheizt
helfen, er half, sie hat geholfen
der Herr, die Herren
herzlich, herzlicher, am herzlichsten
heute
die Hexe, die Hexen
holen, er holte, sie hat geholt
der Honig
horchen, er horchte, sie hat gehorcht
hören, er hörte, sie hat gehört
hübsch, hübscher, am hübschesten
das Huhn, die Hühner
der Hund, die Hunde
hupen, er hupte, sie hat gehupt
hüpfen, er hüpfte, sie ist gehüpft

Ii

ich
ihr
ihre
immer
der Indianer, die Indianer
informieren, er informierte, sie hat informiert
interessieren, er interessierte, sie hat interessiert
das Internet

Jj

die Jacke, die Jacken
die Jagd, die Jagden
jagen, er jagte, sie hat gejagt
der Jäger, die Jäger
das Jahr, die Jahre
jetzt
der Junge, die Jungen

Kk

der Käfer, die Käfer
der Kaffee
der Käfig, die Käfige
kalt, kälter, am kältesten
die Kamera, die Kameras
der Kanal, die Kanäle
das Karussell, die Karussells
der Käse
der Kater, die Kater
die Katze, die Katzen
kaufen, er kaufte, sie hat gekauft
der Kauz, die Käuze
die Kerze, die Kerzen
die Kette, die Ketten
das Kind, die Kinder
das Kino, die Kinos
kleben, er klebte, sie hat geklebt
kleckern, er kleckerte, sie hat gekleckert
das Kleid, die Kleider
klopfen, er klopfte, sie hat geklopft
klug, klüger, am klügsten
die Klugheit
knackig, knackiger, am knackigsten
der Knopf, die Knöpfe
kochen, er kochte, sie hat gekocht
der Kompost
der König, die Könige
die Königin, die Königinnen
königlich
können, er konnte, sie hat gekonnt
kontrollieren, er kontrollierte, sie hat kontrolliert
kräftig, kräftiger, am kräftigsten
kratzen, er kratzte, sie hat gekratzt
der Kratzer, die Kratzer
kriechen, er kroch, sie ist gekrochen
kriegen, er kriegte, sie hat gekriegt
kucken, er kuckte, sie hat gekuckt (auch: gucken)
die Kugel, die Kugeln
der Kummer
der Kuss, die Küsse

Ll

lächeln, er lächelte, sie hat gelächelt
lachen, er lachte, sie hat gelacht
lahm, lahmer, am lahmsten
das Lamm, die Lämmer
die Lampe, die Lampen
das Land, die Länder
lang, länger, am längsten
langsam, langsamer, am langsamsten
langweilig, langweiliger, am langweiligsten
lassen, er ließ, sie hat gelassen
das Laub
laufen, er lief, sie ist gelaufen

die Laus, die Läuse
leben, er lebte, sie hat gelebt
lecker, leckerer, am leckersten
legen, er legte, sie hat gelegt
der Lehrer, die Lehrer
die Lehrerin, die Lehrerinnen
die Leine, die Leinen
lesen, er liest, sie hat gelesen
leuchten, er leuchtete, sie hat geleuchtet
die Leute
lieb, lieber, am liebsten
die Liebe
lieben, er liebte, sie hat geliebt
liegen, er lag, sie hat gelegen
loben, er lobte, sie hat gelobt
das Loch, die Löcher
die Locke, die Locken
die Luft
der Luftballon, die Luftballons/Luftballone
lügen, er log, sie hat gelogen
lustig, lustiger, am lustigsten

Mm

machen, er machte, sie hat gemacht
das Mädchen, die Mädchen
mahnen, er mahnte, sie hat gemahnt
manchmal
die Manege, die Manegen
der Mann, die Männer
das Märchen, die Märchen
der Markt, die Märkte
die Maus, die Mäuse
meckern, er meckerte, sie hat gemeckert
das Meer, die Meere
mehr
der Mensch, die Menschen
das Messer, die Messer
die Miene, die Mienen
möglich
mühselig, mühseliger, am mühseligsten
der Müll
die Musik
müssen, er musste, sie hat gemusst
mutig, mutiger, am mutigsten
die Mutter, die Mütter
die Mütze, die Mützen

Nn

die Nacht, die Nächte
die Nähe
die Nahrung
nämlich
die Natur
natürlich, natürlicher, am natürlichsten
nehmen, er nahm, sie hat genommen
nennen, er nannte, sie hat genannt
das Nest, die Nester
die Netzhaut, die Netzhäute
das Netzwerk, die Netzwerke

nichts
noch
notieren, er notierte, sie hat notiert
die Nudel, die Nudeln

Oo

das Obst
das Ohr, die Ohren
der Onkel, die Onkel
ordentlich

Pp

packen, er packte, sie hat gepackt
die Pappe, die Pappen
das Pech
petzen, er petzte, sie hat gepetzt
der Pfau, die Pfauen
pfeifen, er pfiff, sie hat gepfiffen
der Pfeil, die Pfeile
das Pferd, die Pferde
der Pfirsich, die Pfirsiche
die Pflanze, die Pflanzen
das Pflaster, die Pflaster
pflegen, er pflegte, sie hat gepflegt
die Pflicht, die Pflichten
der Platz, die Plätze
das Plätzchen, die Plätzchen
plötzlich
der Prinz, die Prinzen
die Prinzessin, die Prinzessinnen
probieren, er probierte, sie hat probiert
das Programm, die Programme
die Pumpe, die Pumpen
die Puppe, die Puppen
putzen, er putzte, sie hat geputzt

Qq

quaken, er quakte, sie hat gequakt
der Quatsch
quieken, er quiekte, sie hat gequiekt

Rr

der Rabe, die Raben
das Rad, die Räder
die Rallye, die Rallyes
der Rat
raten, er riet, sie hat geraten
das Rätsel, die Rätsel
der Räuber, die Räuber
rauschen, es rauschte, es hat gerauscht
das Recht, die Rechte
die Rede, die Reden
reich, reicher, am reichsten

reißen, er riss, sie hat gerissen
reiten, er ritt, sie ist geritten
rennen, er rannte, sie ist gerannt
das Rezept, die Rezepte
riechen, er roch, sie hat gerochen
riesig, riesiger, am riesigsten
der Ritter, die Ritter
die Rose, die Rosen
das Rotkehlchen, die Rotkehlchen
die Ruhe
ruhig, ruhiger, am ruhigsten
rumpeln, es rumpelte, es hat gerumpelt

S s

saftig, saftiger, am saftigsten
sagen, er sagte, sie hat gesagt
salzig, salziger, am salzigsten
sammeln, er sammelte, sie hat gesammelt
der Sand
sandig, sandiger, am sandigsten
der Sattel, die Sättel
sauber, sauberer, am saubersten
saugen, er saugte, sie hat gesaugt
der Säugling, die Säuglinge
der Schirm, die Schirme
schlafen, er schlief, sie hat geschlafen
schlagen, er schlug, sie hat geschlagen
schlecht, schlechter, am schlechtesten
schleichen, er schlich, sie ist geschlichen
schließen, er schloss, sie hat geschlossen
der Schlitten, die Schlitten
der Schluss, die Schlüsse
schmatzen, er schmatzte, sie hat geschmatzt
schmecken, er schmeckte, sie hat geschmeckt
der Schmetterling, die Schmetterlinge
schmutzig, schmutziger, am schmutzigsten
der Schnitt, die Schnitte
schön, schöner, am schönsten
der Schrank, die Schränke
schreiben, er schrieb, sie hat geschrieben
schrubben, er schrubbte, sie hat geschrubbt
der Schuh, die Schuhe
die Schule, die Schulen
der Schutz
schwach, schwächer, am schwächsten
schweben, er schwebte, sie hat geschwebt
das Schwein, die Schweine
die Schwester, die Schwestern
schwierig, schwieriger, am schwierigsten
schwimmen, er schwamm, sie ist geschwommen
schwitzen, er schwitzte, sie hat geschwitzt
der See, die Seen

sehen, er sah, sie hat gesehen
sein, er war, sie ist gewesen
sie
sieben
singen, er sang, sie hat gesungen
sinken, er sank, sie ist gesunken
sitzen, er saß, sie hat gesessen
sollen, er sollte, sie hat gesollt
der Sommer, die Sommer
der Spaß, die Späße
spaßig, spaßiger, am spaßigsten
der Spatz, die Spatzen
der Speck
sperren, er sperrte, sie hat gesperrt
das Spiel, die Spiele
spielen, er spielte, sie hat gespielt
die Spinne, die Spinnen
sportlich, sportlicher, am sportlichsten
die Sprache, die Sprachen
sprechen, er sprach, sie hat gesprochen
springen, er sprang, sie ist gesprungen
spritzen, er spritzte, sie hat gespritzt
spülen, er spülte, sie hat gespült
der Stall, die Ställe
der Stamm, die Stämme
stehen, er stand, sie hat gestanden
steigen, er stieg, sie ist gestiegen
sterben, er starb, sie ist gestorben
stoßen, er stieß, sie hat gestoßen
die Straße, die Straßen
der Strauch, die Sträucher
streichen, er strich, sie hat gestrichen
der Streit
das Stroh
das Stück, die Stücke
der Stuhl, die Stühle
stündlich
stürzen, er stürzte, sie ist gestürzt
stutzen, er stutzte, sie hat gestutzt
suchen, er suchte, sie hat gesucht

Tt

der Tag, die Tage
die Tante, die Tanten
tanzen, er tanzte, sie hat getanzt
die Tasche, die Taschen
die Tastatur, die Tastaturen
die Tatze, die Tatzen
der Tee, die Tees
teilnehmen, er nahm teil, sie hat teilgenommen
der Text, die Texte
das Thermometer, die Thermometer
das Tier, die Tiere
der Tiger, die Tiger
tippen, er tippte, sie hat getippt
der Tisch, die Tische

die Tochter, die Töchter
das Tor, die Tore
tragen, er trug, sie hat getragen
das Training
träumen, er träumte, sie hat geträumt
traurig, trauriger, am traurigsten
trennen, er trennte, sie hat getrennt
die Treppe, die Treppen
trinken, er trank, sie hat getrunken
trotzdem
die Tür, die Türen

Uu

überall
die Uhr, die Uhren
umfallen, er fiel um, sie ist umgefallen
und
unter

Vv

der Vampir, die Vampire
der Vater, die Väter
der Ventilator, die Ventilatoren
verachten, er verachtete, sie hat verachtet
verbieten, er verbot, sie hat verboten
vergessen, er vergaß, sie hat vergessen
das Vergnügen
verhalten, sich, er verhielt sich, sie hat sich verhalten
verkaufen, er verkaufte, sie hat verkauft
der Verkehr
verkratzen, er verkratzte, sie hat verkratzt
verlangen, er verlangte, sie hat verlangt
verlieren, er verlor, sie hat verloren
vernetzen, er vernetzte, sie hat vernetzt
verschieden
versorgen, er versorgte, sie hat versorgt
verstehen, er verstand, sie hat verstanden
der Versuch, die Versuche
verwöhnen, er verwöhnte, sie hat verwöhnt
verzehren, er verzehrte, sie hat verzehrt
viel, mehr, am meisten
vielleicht
vier
das/der Virus, die Viren
der Vogel, die Vögel
das Volk, die Völker
vor
vorbei
vorlesen, er las vor, sie hat vorgelesen
die Vorschau

Ww

die	Wand, die Wände
	warten, er wartete, sie hat gewartet
	was
die	Wäsche
	waschen, er wusch, sie hat gewaschen
das	Wasser
	wegwerfen, er warf weg, sie hat weggeworfen
	wehen, es wehte, es hat geweht
	wehren, sich, er wehrte sich, sie hat sich gewehrt
	weit, weiter, am weitesten
die	Welle, die Wellen
die	Welt, die Welten
	wenn
die	Werbung
die	Wette, die Wetten
	wiegen, er wog, sie hat gewogen
die	Wiese, die Wiesen
	wild, wilder, am wildesten
	windig, windiger, am windigsten
	winterlich, winterlicher, am winterlichsten
	winzig, winziger, am winzigsten
	wir
	wirklich
	wissen, er wusste, sie hat gewusst
der	Witz, die Witze
	witzig, witziger, am witzigsten
die	Woche, die Wochen
	wohnen, er wohnte, sie hat gewohnt
der	Wolf, die Wölfe
die	Wolle
das	Wort, die Wörter
	wütend, wütender, am wütendsten

Zz

	zählen, er zählte, sie hat gezählt
der	Zahn, die Zähne
der	Zauberer, die Zauberer
der	Zaun, die Zäune
die	Zeitung, die Zeitungen
	zerkratzen, er zerkratzte, sie hat zerkratzt
	ziehen, er zog, sie hat gezogen
das	Zimmer, die Zimmer
der	Zirkus, die Zirkusse
der	Zoo, die Zoos
	zornig, zorniger, am zornigsten
der	Zucker
	zurück
	zusammen
der	Zuschauer, die Zuschauer
der	Zwerg, die Zwerge

Kapitel	Umgang mit Texten und Medien	Mündliches Sprachhandeln
Kinderwelten – Lebenswelten (4–21)	Interpretieren: Vorstellungen zum Text entwickeln und in eigenen, den Textabschnitten zugeordneten Überschriften ausdrücken, Fortsetzung zum Thema des Textes szenisch darstellen (6/7) Fachübergreifender Unterricht: Liedtext erarbeiten (8) Interpretieren: zu Personen und Gedanken Stellung nehmen, Nutzen von Medien: Bildausstellung machen (9) Nutzen von Lesestrategien: genaues Lesen, um Fragen aus dem Text beantworten zu können (9/11–13) Methoden-Training: Fragen stellen (14/15)	Verstehendes Zuhören und demokratisches Miteinandersprechen: auf Gesprächsbeiträge anderer eingehen, sie akzeptieren und eine eigene Meinung vertreten (16) Methoden-Training: Erzählkarussell (16/17)
Fußball, Pferde, Freizeit (22–39)	Nutzen von Lesestrategien: Textende antizipieren (24/25), Verstehensschwierigkeiten erkennen und überwinden (24/25/30/31), zu Handlungen und Personen Stellung nehmen (24/25/30/31) Texte gliedern und zusammenfassen (26/32) Informationen entnehmen (27/33) Fragen zum Text stellen und beantworten (28) Methoden-Training: Texte gliedern (28/29)	Erzählendes Sprechen: sich über eigenes Freizeitverhalten verständigen (25/31) Sachbezogenes Sprechen: Arbeitsergebnisse miteinander vergleichen und sachbezogen argumentieren (26/32) Reit-Tipps beschreiben und vortragen (33)
Von Samtpfoten und Kratzfüßen (40–57)	Informierendes Lesen: in Texten Informationen finden (42/43/46/47/50/51), zu Handlungen, Personen, Gedanken Stellung nehmen (42/43/46/47) Interpretieren: Vorstellungsbilder entwickeln und miteinander austauschen (51) Prosatexte, Szenen und Gedichte, auch auswendig, vortragen (54) Methoden-Training: Texte vergleichen (44/45)	Erzählendes, sachbezogenes und appellierendes Sprechen: Sachverhalte beschreiben, zusammenfassen, vortragen und den Vortrag durch Medien stützen (46/47/50/51) Erzählendes, sachbezogenes und appellierendes Sprechen: andere zum Nachdenken, zu Handlungen veranlassen (52)
www.alles-im-kasten.de (58–75)	Informierendes Lesen: in Texten Informationen finden (60–63), in Medien zu Themen oder Aufgaben recherchieren (58/59), Textteile antizipieren (64) Nutzen von Lesestrategien: Fragen zu einem Text beantworten Genaues Lesen: Textstellen finden (66) Interpretieren: zu Handlungen, Personen, Gedanken Stellung nehmen (67) Nutzen von Medien: Machart von Medienbeiträgen erkennen, an aktuellen Beispielen erforschen, wie Medien hergestellt und verarbeitet werden (68/69) Textteile antizipieren (64/65) Methoden-Training: Texte antizipieren (64/65)	Erzählendes und sachbezogenes Sprechen: Erlebnisse erzählen und die Reaktionen der Zuhörer einbeziehen (58/59) Sachbezogenes Sprechen: Kritik üben, Meinung äußern (67) Sachbezogenes und appellierendes Sprechen: Sachverhalte beschreiben, zusammenfassen und vortragen, Kritik üben, andere zum Nachdenken, zu Handlungen veranlassen (68/69)
Es war einmal, es war keinmal (76–95)	Nutzen von Lesestrategien: genau lesen (78/79) Interpretieren: Vorstellungsbilder entwickeln und miteinander austauschen (79/85) Gedicht vortragen (79) Handelnd mit Texten umgehen: durch Verklanglichung (78/79) Bildnerisches Darstellen (80–84/86) Texte den Textsorten zuordnen (80–84/86/88/89) Textabsichten und Textwirkungen vermuten (85/89) Informierendes Lesen: in der Kinderliteratur und anderen Medien zum Thema recherchieren (86/93) Nutzen von Medien: die Machart von Texten durchschauen (86/87) Methoden-Training: Gestalten eines Comics (86/87)	Erzählendes Sprechen: Erlebnisse und Geschichten erzählen und Reaktionen der Zuhörer einbeziehen (90) Methoden-Training: Reihumgeschichte (90/91)

Schriftliches Sprachhandeln	Rechtschreiben	Sprache reflektieren
Erzählendes Schreiben: Textfortgang antizipieren (6/7) ein Foto auswählen und dazu schreiben (10) eigene Gedanken nachvollziehbar aufschreiben (11–13)	Arbeitsmethoden eigenaktiven Rechtschreibenlernens und -übens anwenden: Silbentrennung (19) Wörter mit Silben trennendem h (20) Lernwörter-Training (21)	Sprachhandeln reflektieren: Phänomen: Artikel in verschiedenen Sprachen vergleichen (19)
Text weiterschreiben (24/25) Sachbezogenes Schreiben: Trainings-Tipps kurz und verständlich schreiben (27) Schreibprozess: Schreibideen durch Erstellung von Clustern entwickeln (34/35) Texte einer Schreibfunktion zuordnen und textsortenbezogen schreiben (34/36) Methoden-Training: Cluster (34/35)	Zusammengesetzte Nomen richtig schreiben (37) Nachschlagestrategie bei zusammengesetzten Wörtern (38) Lernwörter-Training (39)	Wörter in ihrer inhaltlichen und kommunikativen Bedeutung erklären (24/25/30/31) Textabsicht, Textsorte, Textwirkung reflektieren (36) Zusammengesetzte Nomen (37)
Schreibprozess: Planen, Schreiben, Beraten, Überarbeiten, Veröffentlichen Erzählendes, sachbezogenes, appellatives Schreiben: Bitten, Wünsche, Aufforderungen und Vereinbarungen adressatengerecht formulieren (52–54) Methoden-Training: Plakat gestalten (52/53)	Umlaute a/ä, au/äu (56) Verwandte Wörter: Stammschreibung (55–57) Lernwörter-Training (57)	Reflexion des Umgangs mit Texten und Medien: grundlegende Textsorten und ihre Leistungen erkennen (Plakat) (52/53) Textabsicht, Textsorte, Textwirkung aus der Sicht der Schreiberin/des Schreibers reflektieren (52/53) Reflexion des Umgangs mit Texten und Medien: Wörter in ihrer inhaltlichen und kommunikativen Bedeutung klären (51)
Erzählendes Schreiben: Fortgang eines Textes schriftlich antizipieren (64/65) Gestalten mit Medien: Plakat erstellen (66) Schreibprozess: Planen, Schreiben, Beraten, Überarbeiten, Veröffentlichen sich über Texte beraten, Texte in Bezug auf die äußere Gestaltung, die Sprache und die orthographische Richtigkeit hin optimieren (70/71) Gestalten mit Medien: Texte am PC schreiben, überarbeiten und gestalten (71) Methoden-Training: Texte überarbeiten (70/71)	Wörter aus dem Stamm oder der verwandten Form so ableiten, dass die Umlautung und b, d, g und s bei In- und Auslautverhärtung richtig geschrieben werden (73) Übung zum Kontrollieren und Korrigieren von Texten (74) Lernwörter-Training (75)	Reflexion des Umgangs mit Texten und Medien: das Zeichensystem Schrift mit anderen sprachlichen Symbolsystemen (hier: Bildsymbole aus der Lebenswelt) experimentierend vergleichen, Fachbegriffe erarbeiten und verwenden (72)
Erzählendes, sachbezogenes oder appellatives Schreiben: Reale und erdachte Ereignisse erzählen, dabei Erzählstrukturen, Erzählzusammenhänge und sprachliche Mittel beachten (80–84) Poetisches Schreiben: Strukturen poetischer Texte für eigene Texte nutzen (86/87), zu kinderliterarischen Texten schreiben (80–84/86/87) Schreibprozess planen, beraten, überarbeiten Methoden zur Textarbeit nutzen: Entwickeln von Schreibideen, Wortfeldarbeit, Nutzen von Textformaten, Sprachproben (92/93) gestalterische Mittel entwickeln, mit ihnen experimentieren und zum Schreiben nutzen (86/87) Texte in Ihrer Wirkung erproben (86/87)	Arbeitsmethoden eigenaktiven Rechtschreiblernens und -übens anwenden (95) Adjektive mit -ig und -lich (94) Nachschlagen schwieriger Verbformen (95) Lernwörter-Training (95)	Sprachliche und nichtsprachliche Mittel und ihre Wirkung untersuchen (78/79) über Wörter und ihre Bedeutung sprechen (82) über das Sprechen reden: Regeln; Redesituationen planen und reflektieren (79), für ein Sprechziel geeignete sprachliche Mittel in Wortwahl, Satzbau und Redestruktur auswählen und mit anderen reflektieren (92) das Zeichensystem Schrift mit anderen sprachlichen Symbolsystemen, z. B. Bildsymbol, vergleichen (80–84/87) Satzglieder (92) Klangprobe (92) Adjektive – Gegensatzpaare vergleichen (94), Fachbegriffe erarbeiten und verwenden (90)

Kapitel	Umgang mit Texten und Medien	Mündliches Sprachhandeln
So bin ich – so bist du **(96–113)**	Interpretieren: Vorstellungsbilder entwickeln und austauschen (96/97) Interpretieren: zu Handlungen, Personen, Gedanken Stellung nehmen (100/101/106/107) Nutzen von Lesestrategien: Texte vergleichen, genaues Lesen, Textstellen finden (102/103) textbezogen antizipieren (102/103) Szenisches Spiel: Gestik, Mimik und Stimmführung zur Unterstützung sprachlicher Aussagen einsetzen (104) Informierendes Lesen: in Texten Informationen finden (106/107) Methoden-Training: Text in szenisches Spiel umsetzen (104/105)	Erzählendes Sprechen: Erlebnisse und Geschichten erzählen und die Reaktionen der Zuhörer einbeziehen (101) Demokratisches Miteinandersprechen: Meinungen anderer akzeptieren und Sichtweisen mit Argumenten vertreten (102/103) Szenisches Spielen: gespielte Szenen beobachten, sie besprechen und weiterentwickeln (104/105) Erzählendes Sprechen: Erlebnisse und Geschichten anderen erzählen (106)
Im Garten der Natur **(114–131)**	Nutzen von Lesestrategien: textbezogen antizipieren (120) Textstellen finden (121) Textbelege zitieren (124/125) Interpretieren: Vorstellungsbilder entwickeln und miteinander austauschen (120/124/125) Gedicht vortragen (122) Handelnd mit Texten umgehen, z. B. durch Verklanglichung (128) Informierendes Lesen: in Texten Informationen finden (121) Anweisungen in einem Text verstehen und danach handeln (123) Methoden-Training: Text rekonstruieren (118/119)	Erzählendes Sprechen: sich über Sachverhalte verständigen (120/122) sachbezogenes Sprechen (124/125)
Tolle Knolle & Co. **(132–147)**	Interpretieren: Text inszenieren durch Lesen mit verteilten Rollen und szenische Darstellungen (134/135) Nutzen von Lesestrategien: genaues Lesen, um Fragen aus dem Text beantworten zu können (136/137) Interpretieren: Vorstellungen zum Text entwickeln und in eigenen, den Textabschnitten zugeordneten Überschriften ausdrücken (137/139) Methoden-Training: Text ergänzen (140/141)	Metakommunikatives Sprechen: sprachliche Mittel (Wortwahl, Satzart) Alltagssituationen reflektieren und erproben (142/143) Methoden-Training: Rollenspiel (142/143)
Technik mit Köpfchen **(148–165)**	Texte miteinander vergleichen (150/151) Eingangsseiten über die Bedeutung von Wörtern nachdenken (153) Informierendes Lesen: einem Text Informationen entnehmen (154/156/157) Fragen zu einem Text beantworten (157/158) Interpretieren: Vorstellungsbilder entwickeln (155) Methoden-Training: Wörter (Schlüsselwörter) aus dem Kontext erschließen (152/153)	Erzählendes, sachbezogenes und appellierendes Sprechen: Sachverhalte beschreiben, zusammenfassen, vortragen und den Vortrag durch Medien unterstützen (154/157)

Schriftliches Sprachhandeln	Rechtschreiben	Sprache reflektieren
Fortgang einer Erzählung schriftlich antizipieren (102/103) Erzählendes Schreiben: eigene Erlebnisse, Gedanken und Gefühle für andere nachvollziehbar aufschreiben (108/109) Methoden-Training: Erzähltexte schreiben (108/109)	Zeichen der wörtlichen Rede setzen (110/111) Wörter mit Doppelkonsonanten schreiben (112) Lernwörter-Training (113)	Wörtliche Rede (110/111) Textsorte: Erzähltext reflektieren, sprachliche Mittel erkennen (108)
Erzählendes, sachbezogenes oder appellatives Schreiben: sich durch ein Kunstwerk zum Schreiben anregen lassen (117) Sachbezogenes Schreiben (Rätsel) (130) Poetisches Schreiben: Strukturen poetischer Texte für eigene Texte nutzen (128/129) Schreibprozess planen, beraten, überarbeiten, Methoden zur Textarbeit nutzen: Entwickeln von Schreibideen, Wortfeldarbeit, Nutzen von Textformaten, Sprachproben (128/129/130) Methoden-Training: Poetische Texte schreiben (128/129)	Arbeitsmethoden eigenaktiven Rechtschreibenlernens und -übens anwenden (130/131) langes I (131) Lernwörter-Training (131)	Textsorte (Haiku, Rätsel) aus der Sicht der Schreibenden reflektieren (128/130) Wortarten unterscheiden: Nomen, Pronomen (130) sprachliche und nichtsprachliche Mittel und ihre Wirkung untersuchen (118/119/127–130) über Wörter und ihre Bedeutung sprechen (120)
Sachbezogenes Schreiben: Vereinbarungen formulieren (135) Alltägliches Schreiben: Rezept aufschreiben (137) Offener Schreibanlass: Schreiben zu einer Reproduktion oder einem Foto (144)	Arbeitsmethoden eigenaktiven Rechtschreibenlernens und -übens anwenden: Satzschlusszeichen richtig setzen: Punkt, Frage- oder Ausrufezeichen (145) Wörter mit tz und ck (146) Lernwörter-Training (147)	Sprachhandeln reflektieren: Wiederholung der Satzarten (Aussage-, Frage- und Aufforderungssatz) (145) Redensarten verstehen und deuten (145)
Erzählendes, sachbezogenes, appellatives Schreiben: Sachverhalte; Kunstwerk als Schreibanlass Methoden-Training: Sachbezogenes Schreiben (158/159)	Wörter mit tz (162) Verwandte Wörter: Stammschreibung (162) Lernwörter-Training (163)	Verben Gegenwarts- und Vergangenheitsformen bilden (160/161)

Quellenverzeichnis

4–5: Krüss, James: Soviel Schafe eine Herde. Aus: Krüss, James: Alle Kinder dieser Erde. München: Lentz 1979

6–7: Mönter, Petra: Vimala gehört zu uns. Aus: Mönter, Petra (Text)/Wiemers, Sabine (Bild): Vimala gehört zu uns. Freiburg: KERLE 2002

8: Zuckowski, Rolf: Kleine Europäer rücken immer näher. © 1989 by MUSIK FÜR DICH Rolf Zuckowski OHG, Hamburg

9: Chidolue, Dagmar: Millie in Paris. Aus: Chidolue, Dagmar: Millie macht Kunst. Hamburg: Pressler 1991

11–13: Höfele, Hartmut E./Steffen, Susanne: Sudhir, der Trommelschüler. Aus: Höfele, Hartmut E./Steffen, Susanne: In 80 Tönen um die Welt. Münster: Ökotopia 2000

14: Reuker, Beate: Kinderarbeit – an vielen Orten dieser Welt. Aus: Kindernothilfe Duisburg (Hrsg.): Kinderarbeit in der Dritten Welt. Moers: Brendow und Sohn

19: Höfele, Hartmut E. (Text)/Friedebach, Hans (Melodie): Frère Jacques. Aus: Höfele, Hartmut E./Steffen, Susanne: In 80 Tönen um die Welt. Münster: Ökotopia 2000

20: Künzler-Behncke, Rosemarie: Sehen. Aus: Gelberg, Hans Joachim (Hrsg.): Überall und neben dir. Weinheim/Basel: Beltz & Gelberg 1986

23: Pferde. Aus: Bertelsmann Kinder-Tierlexikon. München: Wissen Media Verlag 2002

24–25: Mai, Manfred: Vor der Kiste. Aus: Mai, Manfred: Fußballgeschichten (Leselöwen). Bindlach: Loewe 2000

27: Knister: Trainingstipp „Der magische Tunnel". Aus: Knister: Hexe Lilli im Fußballfieber. Würzburg: Arena 1998
Knister: Trainingstipp „Torschützenkönig". Aus: Knister: Hexe Lilli im Fußballfieber. Würzburg: Arena 1998

28: Wir sind Fußballerinnen. Aus: EMMA 5 (2003)

30–31: Wolf, Klaus-Peter: Basta und Paulines Bombe. Aus: Wolf, Klaus-Peter: Pferdegeschichten (Leselöwen). Bindlach: Loewe 1993

32: Marzinek-Späth, Edel: Dicke Freunde – böse Feinde. Aus: Tierfreund 2 (2003)

33: Marzinek-Späth, Edel: Reiten wie ein Profi. Aus: Tierfreund 6 (2003)

40: Manz, Hans: Abenteuer in der Nacht. Aus: Lenzen, Hans Georg: Der große Ozean. Weinheim: Beltz & Gelberg 2000
Bydlinski, Georg: Das Tierkonzert. Aus: Bydlinski, Georg: Wasserhahn und Wasserhenne. Gedichte und Sprachspielereien. Wien: Dachs 2002

42–43: Nöstlinger, Christine: Die Zeit mit dem Namen „Samuel". Aus: Nöstlinger, Christine: Ein Kater ist kein Sofakissen. Hamburg: Oetinger 1982

44: Wie die Katze zum Heimtier wurde. Aus: Forschungskreis Heimtiere in der Gesellschaft (Hrsg.): Die Katze. Informations- und Arbeitsmaterial für den Sachkundeunterricht 3./4. Schuljahr
Guggenmos, Josef: Katzen kann man alles sagen. Aus: Guggenmos, Josef: Dunkel war's, der Mond schien helle. Verse, Reime und Gedichte. Hildesheim: Gerstenberg 1999

46–47: Brandt, Hanne: Katzennächte. Aus: Brandt, Hanne (Text)/Naujok, Corinna (Übersetzerin/Bild): Katzennächte. Berlin: Mann 1990

48–49: Taylor, Barbara: Amerikanisches Alpenschneehuhn/Kragenhuhn/Auerhahn/Odinshühnchen/Steppenhuhn/Thermometerhuhn. Aus: Bildatlas der Vögel. München: arsEdition 1994

50: Moser, Erwin: Zwei Hähne. Aus: Moser, Erwin: Das große Fabulierbuch. Weinheim: Beltz & Gelberg 1995

51: Johansen, Hanna: Das Sonntagshuhn. Aus: Lenzen, Hans Georg: Der große Ozean. Weinheim: Beltz & Gelberg 2000

54: Mennel, Wolfgang: Schluss mit den Befehlen. Aus: Lenzen, Hans Georg: Der große Ozean. Weinheim: Beltz & Gelberg 2000

58: Nahrgang, Frauke: Nichts für Papas. Aus: Nahrgang, Frauke: Lene und Peter. München: Deutscher Taschenbuch Verlag 1994

61–63: Günther, Herbert: Wie entsteht ein Film? Aus: Herbert Günther erzählt, wie ein Fernsehfilm entsteht. Hamburg: Oetinger 1992

64: Wolf, Klaus-Peter: Angriff der Viren. Aus: Computergeschichten (Leselöwen). Bindlach: Loewe 2000

68: Kruse, Max: Reklame. Aus: Gelberg, Hans-Joachim (Hrsg.): Die Stadt der Kinder. Recklinghausen: Bitter 1969

76: Bydlinski, Georg: Zauberhaft. Aus: Bydlinski, Georg: Wasserhahn und Wasserhenne. Gedichte und Sprachspielereien. Wien: Dachs 2002
Richter, Jutta: Zaubersprüche. Aus: Richter, Jutta: Der Sommer schmeckt wie Himbeereis. München: Bertelsmann 1990

77: Richter, Jutta: Die Königin von Uelzen. Aus: Richter, Jutta: Der Sommer schmeckt wie Himbeereis. München: Bertelsmann 1990

78–79: Hausmann, Manfred: Die Bremer Stadtmusikanten. Aus: Hausmann, Manfred: Die Bremer Stadtmusikanten. Gütersloh: Mohn 1962

85: Richter, Jutta: Ich pfeife auf den Königssohn. Aus: Richter, Jutta: Der Sommer schmeckt wie Himbeereis. München: Bertelsmann 1990

86: Frau Holle. Nach den Brüdern Grimm

88–89: Knister: Das Nudelmärchen. Aus: Knister: Alles Spaghetti. Würzburg: Arena 1993

96: Richter, Jutta: Wie sich Schmetterlinge küssen. Aus: Richter, Jutta: Der Sommer schmeckt wie Himbeereis. München: Bertelsmann 1990

97: Nöstlinger, Christine: Alle sind zufrieden mit mir. Aus: Portmann, Rosemarie (Hrsg.): Trau dich was! Geschichten, die selbstbewusst und mutig machen. Würzburg: Arena 2000
Schwarz, Regina: Nach einem Streit. Aus: Gelberg, Hans-Joachim (Hrsg.): Überall und neben dir. Weinheim/Basel: Beltz & Gelberg 1986
Schwarz, Regina: Wen du brauchst. Aus: Gelberg, Hans-Joachim (Hrsg.): Überall und neben dir. Weinheim/Basel: Beltz & Gelberg 1986

98–99: Banscherus, Jürgen: Papas Geheimnis. Aus: Banscherus, Jürgen: Papas Geheimnis. Würzburg: Arena 2000

100: Baisch, Milena: Ab ins Bett! Aus: Baisch, Milena: Geschwistergeschichten (Leselöwen). Bindlach: Loewe 2000

101: Uebe, Ingrid/Rübel, Doris: Zwei dicke Freunde. Aus: Uebe, Ingrid/Rübel, Doris: Kleine Freundschaftsgeschichten. München: arsEdition 1998

102: Kopitz, Gerit: So ein Angeber. Aus: Mädchengeschichten (Leselöwen). Bindlach: Loewe 2001

103: Sommer, Jörg: Ein echter Held. Aus: Jungengeschichten (Leselöwen). Bindlach: Loewe 2001

104: Scheffler, Ursel: Warum ist Timo so unbeliebt? Aus: Scheffler, Ursel: Schulgeschichten. Ravensburg: Maier 2001

106: Krausnick, Michail: Pausenliebe. Aus: Krausnick, Michail: Pausenliebe. edtion durchblick, Neckargemünd 2002
Petri, Walter: Ein Gespenst. Aus: Petri, Walter: Humbug ist eine Bahnstation. Berlin: Der Kinderbuchverlag 1978

107: Fuchs, Ursula: Tobias und Ines unterm Regenschirm. Aus: Fuchs, Ursula: Tobias und Ines unterm Regenschirm. München: Deutscher Taschenbuch Verlag 1986

114: Bydlinsky, Georg: Wind und Gras. Aus: Bydlinski, Georg: Wasserhahn und Wasserhenne. Gedichte und Sprachspielereien. Wien: Dachs 2002
Schubiger, Jürg: Die Einladung. Aus: Jürg Schubiger: Als die Welt noch jung war. Weinheim: Beltz & Gelberg 1995

115: Peter, Renate: Fragen über Fragen. Aus: Gelberg, Hans-Joachim (Hrsg.): Die Erde ist mein Haus. 8. Jahrbuch der Kinderliteratur. Weinheim: Beltz & Gelberg 1988
Erhard, Heinz: Die Made. Aus: Das große Heinz Erhardt Buch. Hannover: Fackelträger 1997

117: Wittkamp, Franz: [MANCHMAL]. Aus: Selke, Signe (Hrsg.): Das Flügelpferd. Gedichte für Groß und Klein. Hannover: Schroedel 1999

118: Blum, Lisa-Marie: Der seltsame Zweig. Aus: Gelberg, Hans-Joachim (Hrsg.): Die Erde ist mein Haus. 8. Jahrbuch der Kinderliteratur. Weinheim: Beltz & Gelberg 1988

120: Wendt, Irmela: Aussteiger. Aus: Gelberg, Hans-Joachim (Hrsg.): Die Erde ist mein Haus. 8. Jahrbuch der Kinderliteratur. Weinheim: Beltz & Gelberg 1988

121: Cratzius, Barbara: Eine Schmetterlingsgeschichte. Aus: Schupp, Renate (Hrsg.): Alles was schön ist. Geschichten und Gedichte zum Nach- und Weiterdenken. Lahr: Kaufmann 1994

122: Hofbauer, Friedl: Was ist eine Wiese? Aus: Bydlinsky, Georg (Hrsg.): Der Wünschelbaum. Wien/Freiburg: Herder 1984

123: Guten Tag, Gänseblümchen. Aus: Krekeler, Hermann/Rieper-Bastian, Marlies: Naturexperimente. © 1996 by Ravensburger Buchverlag Otto Maier GmbH, Ravensburg

124–125: Romanowa, Natalia/Spirin, Gennadij: Unser Baumstumpf. Aus: Romanowa, Natalia/Spirin, Gennadij: Unser Baumstumpf. Deutsch von Hans Baumann. Stuttgart: Thienemann 1985

126: Kreusch-Jacob, Dorothée (Text und Melodie): Bin ganz Ohr. Aus: Dorothée Kreusch-Jakob: „Mit Liedern in die Stille" – Meditieren und gestalten mit Kindern, Patmos Verlag

127: Haupt, Barbara: Florino, der Regentropfenfänger. Aus: Haupt, Barbara (Text)/Bogacki, Tomek (Bild): Florino, der Regentropfenfänger. Gossau/Zürich/Hamburg/Salzburg: Nord-Süd 3. Auflage 1996

134–135: Valentin, Karl: Geräusche. Aus: Schulte, Michael (Hrsg.): Sturzflüge im Zuschauerraum – Der Gesammelten Werke Anderer Teil. München: Piper & Co 1969

137: Pellkartoffeln (mit oder ohne Quark). Aus: Lente, Sophie von: Kochen mit der Maus. München: Sandmann 2001

138–139: Korschunow, Irina: Jörg lernt Kochen. Aus: Schweizer, Marion (Hrsg.): Das rotfuchs-Vorlesebuch. Reinbek bei Hamburg: Rowohlt 1988

140: Lieb wie das Salz. Aus: Kjambaki (Hrsg.): Afrikanische Märchen. Berlin: Junge Welt 1970

142: Ross, Tony: I want my dinner. Aus: Ross, Tony: I WANT MY DINNER. A Little Princess Story. Collins

148: Dietl, Erhard: Manchmal wär ich gern ein Erfinder. Aus: Dietl, Erhard: Der blaue Rabe. Ravensburg: Maier 1985

149: Weiss, Axel: Ballon in der Flasche. Aus: Weiss, Axel: Mein erstes Experimentierbuch. Augsburg: Augustus 1999

150–151: Nordquist, Sven/Kutsch, Angelika (Übersetzerin): Kater Findus erfindet die attamatische Kaffeekanne. Aus: Nordquist, Sven/Kutsch, Angelika (Übersetzerin): Morgen, Findus, wird's was geben. Hamburg: Oetinger 1995

155: Guggenmos, Josef: Nacht in der Wildnis. Aus: Guggenmos, Josef: Ich will dir was verraten. Weinheim/Basel: Beltz 1992

156: Ein Verschluss mit K(n)öpfchen. Aus: Prym-Bruck, Andrea (Hrsg.): I need you. 100 Jahre Prym's Druckknopf. Ausstellungskatalog zur Ausstellung. Aachen 2003

160: Guggenmos, Josef: Robo. Aus: Guggenmos, Josef: Ich will dir was verraten. Weinheim/Basel: Beltz 1992

163: Guggenmos, Josef: Neues Gedicht. Aus: Gelberg, Hans Joachim (Hrsg.): Überall und neben dir. Weinheim/Basel: Beltz & Gelberg 1986

164–165: Bydlinsky, Georg: Das Jahr hat viele

Gesichter. Aus: Bydlinsky, Georg: Wasserhahn und Wasserhenne. Gedichte und Sprachspielereien. Wien: Dachs 2002

166: Zeuch, Christa: Rätsel. Aus: Zeuch, Christa: Lisa, Lotte, Lachmusik. Würzburg: Arena 1987

167: Hoffmann von Fallersleben, August Heinrich: Maler Frühling. Aus: Hoffmann von Fallersleben. Gesammelte Werke. Berlin 1890

168–169: Auer, Martin/Wolfsgruber, Linda: Frau Maikäfer flieg! Aus: Auer, Martin/Wolfsgruber, Linda: Frau Maikäfer flieg! Stuttgart/Wien: Gabriel im Verlag Thienemanns 2001

170: Eichendorff, Joseph von: Die Blätter fallen. Aus: Joseph von Eichendorff. Werke in vier Bänden. Band I. München: Hanser 1959

Stevenson, Robert Louis: Herbstfeuer. Aus: Stevenson, Robert Louis/Krüss, James (Übersetzer: Im Versgarten. Ravensburg: Maier 1960

171: Bairlein, Sigrid/Junker, Christel/Reichgeld, Manfred: Der Zug geht ab … Aus: Bairlein, Sigrid/ Junker, Christel/Reichgeld, Manfred: Herbst in der Grundschule. München: Oldenbourg 1991

172–173: Träbing, Nureeni: Zugvögel. Aus: Träbing, Nureeni/Wilson, Henrike: Zugvögel. Weinheim/ Basel: Beltz 2001

175: Reding, Paul: Nikolaus, komm in unser Haus. Aus: Reding, Paul: unterwegs an diesem tag. Mainz: Grünewald 1977

178: Richter, Jutta: Weihnachten. Aus: Richter, Jutta: Der Sommer schmeckt wie Himbeereis. München: Bertelsmann 1990

179: Richter, Jutta: Silvester. Aus: Richter, Jutta: Der Sommer schmeckt wie Himbeereis. München: Bertelsmann 1990

180–181: Hohler, Franz: Wo die Kälte herkommt. Aus: Hohler, Franz: Der Granitblock im Kino. Darmstadt/Neuwied: Luchterhand 1981

Abbildungsnachweis

7: Mönter, Petra (Text)/Wiemers, Sabine (Bild): Vimala gehört zu uns. Freiburg: KERLE 2002

10: Foto [10] Foto Indien: Ditz, Bettina Foto Togo Blume, Werner Fotos Niger, Mali, Mongolei aus: Martine und Caroline Laffon: Kinder in den Kulturen der Welt, Aus dem Französischen von Eva Plorin und Alexandra Brehme, Gerstenberg Verlag Hildesheim 2003

12: Foto: Ditz, Bettina

14: Foto: Kindernothilfe e.V. Duisburg

25: Coverabb.: Erhard Dietl
Aus: Manfred Mai, Leselöwen-Fußballgeschichten. © 1993 by Loewe Verlag, Bindlach

27: Knister: Hexe Lilli im Fußballfieber. Würzburg: Arena 1998

31: Coverabb.: Dagmar Henze
Aus: Klaus-Peter Wolf, Leselöwen-Pferdegeschichten. © 1993 by Loewe Verlag, Bindlach

46/47: Moser, Erwin: Das große Fabulierbuch. Weinheim: Beltz & Gelberg 1995

79: Kákachi, Reynaldo: Die Bremer Stadtmusikanten 1999. www.galerie-gerhard.com/ kakachi_stein_4_neu.htm

80–84: Rotraut, Susanne Berners: Märchenstunde. Weinheim: Beltz & Gelberg 1998

90: Gaymann, Peter: Die Bremer Stadtmusikanten. Website: www.kunst-fuer-alle.de/ poster-de/peter_gaymann/i2146114519_peter_ gaymann_bremer_stadtmusikanten.htl

93: Hockney, David: Rapunzel. Website: www.davidhockneysprints.com

100: Coverabb.: Sabine Kraushaar
Aus: Milena Baisch, Lesepiraten-Geschwistergeschichten. © 2000 by Loewe Verlag, Bindlach

117: Klee, Paul: Tor zum verlassenen Garten, 1935. © VG Bild-Kunst, Bonn 2004

123: Krekeler, Hermann/Rieper-Bastian, Marlies: Naturexperimente. Ravensburg: Maier 1996

125: Haupt, Barbara (Text)/Bogacki, Tomek (Bild): Florino, der Regentropfenfänger. Gossau/Zürich/Hamburg/Salzburg: Nord-Süd 3. Auflage 1996

137: Lente, Sophie von: Kochen mit der Maus. München: Sandmann 2001

139: Stein, Uli: Viel Spaß mit Kindern. Oldenburg: Lappan 3. Auflage 1992

142: Ross, Tony: I WANT MY DINNER. A Little Princess Story. Collins

144: Foto: Altenburg, Erika
Van Gogh, Vincent: Korb mit Kartoffeln 1885.©

156/157: Prym-Bruck, Andrea (Hrsg.): I need you. 100 Jahre Prym's Druckknopf. Ausstellungskatalog zur Ausstellung. Aachen 2003

158: Calder, Alexander untitled, 1970. © VG Bild-Kunst, Bonn 2004

168/169: Auer, Martin/Wolfsgruber, Linda: Frau Maikäfer flieg! Stuttgart/Wien: Gabriel im Verlag Thienemanns 2001

172/173: Träbing, Nureeni/Wilson, Henrike: Zugvögel. Weinheim und Basel: Beltz 2001

Inhalt

Kinderwelten – Lebenswelten 4
Vimala gehört zu uns 6
Kleine Europäer 8
Millie in Paris 9
Schule in anderen Ländern 10
Sudhir, der Trommelschüler 11
Kinderarbeit – an vielen Orten dieser Welt 14
Wir stellen uns gegenseitig Fragen zu einem Text 15
Wieder zu Hause 16
Erzählkarussell: Wir sprechen alle miteinander 17
Artikel 18
Wörter trennen 19
Wörter mit h 20
Lernwörter-Training 21

Fußball, Pferde, Freizeit 22
Vor der Kiste 24
ANPFIFF – Das Sportmagazin 26
Fußball-Trainings-Tipps 27
Wir sind Fußballerinnen 28
Wir gliedern einen Text durch Satzzeichen und Abschnitte 29
Basta und Paulines Bombe 30
Tierfreundschaften 32
Reit-Tipps 33
Ideen sammeln 34
Themenkonferenz: Wir erstellen einen Cluster 35
Verschiedene Textsorten zum Thema *Rad fahren* 36
Zusammengesetzte Nomen 37
Nachschlagen in der Wörterliste 38
Lernwörter-Training 39

Von Samtpfoten und Kratzfüßen 40
Ein Kater ist kein Sofakissen 42
Katzen 44
Wir vergleichen zwei Texte zu einem Thema 45
Katzennächte 46
Die Welt der Hühner 48
Zwei Hähne 50
Das Sonntagshuhn 51
Haustiere 52
Wir gestalten ein Plakat 53
Aufforderungssätze 54
Der Wortstamm 55
Umlaute 56
Lernwörter-Training 57

Alles im Kasten 58
Als die Bilder laufen lernten 60
Wie entsteht ein Film? 61
Angriff der Viren 64
Wir vermuten, wie ein Text weitergeht 65
Woraus besteht ein Computer? 66
Einkauf per Computer 67
Reklame 68
Werbeanzeigen wollen zum Kauf anregen 69
Wir schreiben über unsere Lieblingssendung 70
Wir überarbeiten unsere Texte 71
Begriffe und Piktogramme 72
Wörter verlängern und ableiten 73
Kontrollieren und korrigieren 74
Lernwörter-Training 75

Es war einmal – es war keinmal 76
Die Bremer Stadtmusikanten 78
Der Froschkönig 80
Ich pfeife auf den Königssohn 85
Frau Holle 86
Wir gestalten einen Comic zu einer Geschichte 87
Das Nudelmärchen 88
Reihumgeschichte: Erzählen zu einem Bild 90
Wir erzählen eine Reihumgeschichte 91
Satzglieder 92
Adjektive mit -ig und -lich 94
Lernwörter-Training 95

So bin ich – so bist du 96
Papas Geheimnis 98
Ab ins Bett! 100
Zwei dicke Freunde 101
So ein Angeber 102
Ein echter Held 103
Warum ist Timo so unbeliebt? 104
Wir spielen eine Geschichte vor 105
Pausenliebe 106
Tobias und Ines unterm Regenschirm 107
Streitgeschichten 108
Wir schreiben einen Erzähltext 109
Die wörtliche Rede 110
Doppelte Mitlaute 112
Lernwörter-Training 113

Im Garten der Natur 114
Mein Garten 116
Garten 117
Der seltsame Zweig 118
Wir setzen einen Text richtig zusammen 119
Aussteiger 120
Eine Schmetterlingsgeschichte 121
Was ist eine Wiese? 122
Guten Tag, Gänseblümchen 123

Unser Baumstumpf 124
Bin ganz Ohr 126
Florino, der Regentropfenfänger 127
Naturgedichte 128
Wir schreiben ein Gedicht: ein Haiku 129
Pronomen 130
Lernwörter-Training 131

Tolle Knolle & Co. 132
Geräusche 134
Die Kartoffel – ein Grundnahrungsmittel 136
Jörg lernt Kochen 138
Lieb wie das 140
Wir ergänzen fehlende Wörter 141
I want my dinner 142
Rollenspiel: Wir üben höfliches Bitten 143
Kartoffeln 144
Satzschluss-Zeichen 145
Wörter mit tz und ck 146
Lernwörter-Training 147

Technik mit Köpfchen 148
Kater Findus erfindet die attamatische Kaffeekanne 150
Rätsel 152
Wir beschäftigen uns mit der Bedeutung von Wörtern 153
Katzenaugen und Reflektoren 154
Nacht in der Wildnis 155
Ein Verschluss mit K(n)öpfchen 156
Kunstwerke aus Draht 158
Wir schreiben einen Sachtext 159
Verben in der Gegenwart 160
Verben in der Vergangenheit 161
Wörter mit tz 162
Lernwörter-Training 163

Das Jahr hat viele Gesichter 164
Rätsel 166
Maler Frühling 167
Frau Maikäfer, flieg! 168
Herbstgedichte 170
Der Zug geht ab 171
Zugvögel 172
Sankt Martin 174
Nikolaus, komm in unser Haus 175
Der Weihnachtsbär – ein Weihnachtsspiel 176
Weihnachten 178
Silvester 179
Wo die Kälte herkommt 180

Rechtschreib-Training 182
Richtig abschreiben 182
Abschreibheft 183
Schleichdiktat 184
Partnerdiktat 185
Nachschlagen in der Wörterliste 186
Erst nachdenken – dann nachschlagen 187
Kontrollieren und korrigieren 188
Nomen 190
Zusammengesetzte Nomen 191
Verben 192
Adjektive 194
Wortfamilien 195
Satzschluss-Zeichen 196
Wörtliche Rede 197
Wörter verlängern und ableiten 198
Vorsilben 199
Doppelte Mitlaute 200
Wörter mit tz und ck 201
Wörter mit ie 202
Silbentrennung 203

Wörterliste 204

Übersicht 216

Quellenverzeichnis 220

Abbildungsnachweis 221

Gedruckt auf umweltbewusst gefertigtem, chlorfrei gebleichtem und alterungsbeständigem Papier.

1. Auflage. 2005

Umschlaggestaltung: Friederike Großekettler
Gesamtherstellung: Ludwig Auer GmbH, Donauwörth
ISBN 3-403-0**4215**-4

Merk-Kleckse

Wörter, die Personen, Dinge, Tiere und Pflanzen bezeichnen, nennt man **Nomen**.

Nomen schreibt man mit einem **großen Anfangsbuchstaben**.

Nomen können einen Artikel haben.
Die Artikel heißen der die das ein eine.

Viele **Nomen** gibt es in der Einzahl und in der Mehrzahl.

Wörter, die sagen, was geschieht oder was man tut, heißen **Verben**.

Verben können ihre Form verändern.

Verben zeigen an, ob etwas **jetzt geschieht** (Gegenwart) oder ob etwas **schon geschehen ist** (Vergangenheit).

Adjektive beschreiben, wie etwas ist.

Zu vielen **Adjektiven** gibt es Wörter, die das **Gegenteil** sagen.

Mit **Adjektiven** kann man oft vergleichen.